견고한 진을 파하는 영적 전쟁 시리즈 5

내집은 만민의 기도하는 집이라

Overcoming Racism

by
Rick Joyner

은혜출판사
Grace

Combating spiritual strongholds series
Overcoming Racism

by

Rick Joyner

Copyright ®œ 1996 by Rick Joyner
Originally published in English by MorningStar Publications
P O Box 19409
Charlotte, NC 28219-9409 USA
Translated into Korean Language by Byung Soo Kim
Korean copyright ®œ 2002 by Grace Publisher
Seoul Korea All rights reserved

내 집은 만민의 기도하는 집이라.

제 1 부 인종차별주의와 사망의 영 / 9

   1). 인종 차별주의의 뿌리 / 14

   2). 다양성 / 19

   3). 친한 사람들의 가혹 행위 / 21

   4). '미국'이라는 이름의 포도주 / 25

제 2 부 치유의 권세 / 29

   1). 문화적인 상처들을 치유함 / 35

   2). 교회의 빛 / 37

   3). 연합의 본질 / 39

   4). 사랑과 계시 / 44

   5). 궁극적인 민족주의자 장벽 / 46

   6). 새로운 피조물 / 49

   7). 현실에 대한 곡해 / 56

   8). 극단적인 상태의 기만 / 58

제 3 부 어느편에 속해 있는가? / 61

1). 사단의 가장 큰 승리 / 64

2). 비판은 교만이다. / 68

3). 우리는 누구를 비판하고 있습니까? / 70

4). 가난의 영 / 72

5). 방해물 / 75

6). 사랑은 죄를 덮습니다. / 78

7). 분별 / 81

8). 세대들 사이에 있는 영적 전쟁 / 87

제 4 부 참된 사역의 기초들 / 91

1). 왜 그들은 또 학대자가 되는가? / 98

2). 중보기도와 비난 / 99

제1부 인종 차별주의와 사망의 영

내 집은 만민의 기도하는 집이라.

민족이 민족을 나라가 나라를 대적하여 일어나겠고 처처에 기근과 지진이 있으리니 이 모든 것이 재난의 시작이니라. (마태 복음 24:7-8)

여기서 나라(nation)로 번역된 말은 헬라어로 종족(ethnos)을 의미하는데, 영어의 (ethnic)이 여기에서 파생된 단어입니다.

이 구절들은 마지막 시대에 일어날 징조들에 대한 질문에 대답으로 주님께서 주신 것입니다. 그분께서 시대의 끝과 그분이 다시 오실 때에 일어나게 될 현제한 징조는 인종적 충돌이 될 것이라고 선포하셨습니다. 이것을 성취함에 있어서, 지금 세상과 교회가 직

제1부 인종차별주의와 사망의 영

면하고 있는 가장 위대한 주제들 가운데 하나는 인종적 갈등입니다.

세상은 인종문제에 대한 통제력을 상실해가고 있습니다. 그 원인은 법률이나 인간적인 역량으로서 도저히 어떻게 해볼 수 없는 영적인 힘입니다.

오직 하늘에서 매인 것만이 땅에서 매여질 수 있습니다. 우리 자신의 수준 내에서 인종적 편견을 극복하고, 우리가 그 문제에 대하여 영적권위를 가짐으로 교회가 이 문제를 직면하지 않는다면, 세상은 곧 인종 분쟁으로부터 말미암은 일찍이 없었던 엄청난 크기의 혼돈, 파괴, 그리고 고통의 심연으로 빠져 들어가게 될 것입니다. 주님께서는 누가 복음에서 이렇게 진술하셨습니다.

> 일월성신에는 징조가 있겠고 땅에서는 민족들이 바다와 파도의 우는 소리를 인하여 혼란한 중에 곤고하리라. 사람들이 세상에 임할 일을 생각하고 무서워하므로 기절하리니 이는 하늘의 권능들이 흔들리겠음이라. (누가 복음 21:25-26)

우리는 또한 계시록 17장 15절에서 네가 본 바 음녀의 앉은 물은 백성과 무리와 열국과 방언들이니라.

내 집은 만민의 기도하는 집이라.

는 말씀을 읽습니다.

우리는 누가 복음 본문에서 바다와 파도의 우는 소리(roaring of the sea and waves)는 민족들(ethnos) 사이의 혼란, 또는 인종적 분규들 때문임을 보게 됩니다.

이러한 양상은 매우 커지게 되어서 사람들은 그것에 대한 두려움 때문에 기절하게 될 것입니다.

이 문제는 시간과 함께 사라져 갈 문제가 아니라, 오히려 시간과 함께 증가해 갈 것입니다. 이 요새와 직면하여 맞닥뜨리기를 우리가 오래 기다리면 오래 기다릴수록, 그것은 더욱 더 강력해지게 될 것입니다. 지금 거의 모든 세계적 수준의 도시에서 압력은 쌓여가고 있습니다. 그러나 그것이 폭발할 때, 그것은 그 도시들에만 한정되지 않을 것입니다.

심지어 그럴지라도, 주님은 폭풍과 바다를 잠잠케 하시기 위하여 주님의 권능을 드러내 오셨습니다.

다윗 왕은 주님께 대해 이렇게 선포했습니다.

> 우리 구원의 하나님이시여. 땅의 모든 끝과 먼 바다에 있는 자의 의지할 주께서 의를 쫓아 엄위하신 일로 우리에게 응답하시리이다. (시편 65:5)

> 바다의 흉용(roaring)과 물결의 요동(roaring)과
> 만민의 훤화(tumult)까지도 진정하시나이다.
>
> (시편 65:7)

주님께서는 다시금 일어나실 것이며, 그분의 말씀으로 바다의 흉용을 잠잠케 하실 것입니다. 주님께서는 사단의 일을 멸망시키려 오셨습니다. 그리고 그분께서는 이것과 동일한 목적으로 우리를 보내셨습니다. 우리는 그것을 서서 보기 위해서 이곳에 있는 것이 아닙니다, 우리는 어둠에 대적하고 서기 위해서 그리고 그것들을 뒤로 몰아내기 위해 여기에 이곳에 있습니다.

인종적 편견과 인종차별주의는 단순한 악령이나, 심지어 정사도 아닙니다, 그것은 세상의 지배자(world ruler)입니다. 그것은 지구상에 있는 가장 강력한 진들 가운데 하나입니다. 그리고 그것은 다른 어떤 것보다도 더 많은 사망과 파멸의 씨앗을 뿌려왔습니다.

지난 해 동안 계속 되어왔던 인종 분규를 생각해 보십시오!

제 2차 세계 대전을 포함하여 역사상 가장 치명적인 전쟁들은 인종차별주의에 의해 발화되었습니다.

내 집은 만민의 기도하는 집이라.

이 강력한 영은 사망의 영이 들어오는 길을 예비하고, 또한 사망의 영에게 능력을 부여해 줍니다. 궁극적인 인종 장벽이 극복되었을 때, 그리스도 안에서 서로 접붙어진 것처럼 유대인과 이방인은 로마서 11장 15절의 죽은 자 가운데서 사는 것을 의미하게 되거나, 사망의 극복을 의미하게 될 것입니다.

1. 인종 차별주의의 뿌리

인종차별주의에는 두 개의 기초가 있습니다. 첫 번째는 우월감인데, 그것의 가장 근본적인 형태들 중 하나 안에 있는 교만, 즉 육적인 우월감입니다. 이러한 우월감은 교만의 궁극적인 형태인 외적인 것으로 다른 사람들을 판단합니다. 그것의 근본적 형태에서, 우월감은 우리는 우리들 스스로 충분하다고 느끼므로 하나님이나 다른 사람들을 정말 필요하지 않다는 것을 단순히 드러내는 것입니다.

이러한 태도는 우리와 다른 사람들 사이에서 분명한 어떤 장벽을 만들어 내게 됩니다.

인종차별주의 두 번째 기초는 두려움입니다.

불안정(insecurity)은 타락의 결과이자, 하나님과 사람 사이의 분리의 결과입니다. 불안정한 사람들은 자신과 다른 사람들과 자신이 지배할 수 없는 사람들을 두려워합니다. 인종차별주의는 강력하며 우월감(pride)과 두려움이 깊이 뒤섞여 결합된 것입니다. 신뢰(trust)는 관계성 유지를 가능하게 하는 다리입니다. 당신은 사람을 가질 수 있으며, 심지어 진정한 용서를 경험할 수도 있습니다. 그렇지만 만일 당신이 신뢰를 가지지 못한다면, 관계를 맺는 것은 불가능합니다. 두려움과 교만은 관계성을 형성하게 하는 신뢰를 허물어 버리게 되는데 그 결과로서 분열을 야기하게 됩니다.

그리스도의 십자가는 사람의 교만(pride 또는 우월감)과 사람의 불안정성을 직면하며 또한 그것들을 극복합니다. 성령님께서는 죄의 세상을 유죄 판결 하시기 위해 오셨습니다. 왜냐하면, 그것은 은혜와 용서를 발견하도록 우리를 십자가로 몰아가는 우리의 죄에 대한 계시이기 때문입니다. 이것은 우리의 교만을 깨뜨리는데 우리의 의존을 구주께로 향하게 함으로써 그렇게 하십니다, 그리고 이것은 또한 그분에 대한 우리의 신뢰를 회복합니다. 십자가가 우리 안에서 더 깊이 역사할수록, 우리는 더욱 더 겸손해 질 것입니다.

하나님의 성품과는 전혀 다르며, 또한 하나님의 성

내 집은 만민의 기도하는 집이라.

품과는 전혀 관계가 없는 우리가 그분의 은혜로 하나님께로 다시금 받아들여질 때, 그것은 우리와 성품이 다른 사람들에 대해, 우리 안에서 관대함을 작용하게 해 줍니다. 또한 영적으로 변화되어가는 사람들은 육을 따라서 판단하는 것이 아니라, 영적인 지각으로 판단하기 시작합니다.

> 그러므로 우리가 이제부터는 아무 사람도 육체대로 알지 아니하노라, 비록 우리가 그리스도도 육체대로 알았으나 이제부터는 이같이 알지 아니하노라. 그런즉 누구든지 그리스도 안에 있으면 새로운 피조물이라 이전 것은 지나갔으니 보라 새 것이 되었도다. (고린도 후서 5:16-17)

다른 어떤 것 보다도 교회는 다른 사람들을 그들의 피부 색깔이나 그들의 문화적 배경을 따라 판단하지 말아야 합니다. 우리는 반드시 성령으로 보며 오직 성령으로 판단하는 것을 배워야 합니다. 예수님에 대해 언급 되어진 것처럼 말입니다.

> 여호와의 신 곧 지혜와 총명의 신이요, 모략과 재능의 신이요 지식과 여호와를 경외하는 신이 그 위에

> 강림하시리니, 그가 여호와를 경외함으로 즐거움을
> 삼을 것이며, 그 눈에 보이는 대로 심판치 아니하며
> 귀에 들리는 대로 판단치 아니하며 (이사야 11:2-3)

 만일 우리가 그분께서 걸으셨듯이 걷고자 한다면, 우리도 또한 같은 것을 행하기를 배워야 합니다. 이것은 엠마오로 가는 길 위에 있던 두 사람에게서 우리가 배울 수 있는 위대한 공과입니다.

 부활하신 그리스도께서는 이 제자들에게 꽤 오랫동안 그분 자신에 관하여 설교하셨습니다. 이것은 그리스도, 즉 설교하시는 그리스도 이셨습니다, 결코 그 이상으로 기름 부으심을 받는 경우는 없을 것입니다! 그러나 그들은 여전히 그분을 알아볼 수 없었습니다. 그 이유는 그분께서 다른 모양으로 저희들에 나타나셨기 (마가 복음 16:12)때문입니다.

 주님께서 우리에게 가까이 오시려고 하실 때 우리가 주님을 놓치는 기본적인 이유들 가운데 한 가지는 성령으로 주님을 알기 보다는 오히려 어떤 외형(form)을 쫓아 우리가 주님을 아는 경향이 있기 때문입니다. 만일 우리가 은사주의에 속해 있다면 우리는 오직 그분이 은사주의의 모습을 통하여 우리에게 오실 때만 그분을 알아차리는 경향이 있습니다. 또는 만

내 집은 만민의 기도하는 집이라.

일 우리가 침례교도라면 오직 그분이 침례교를 통하여 우리에게 오실 때만 그분을 알아차리기 쉬울 것입니다. 그렇지만 그분은 대개 우리가 익숙해져 있는 것과는 다른 어떤 모습으로 우리에게 접근해 오실 것인데, 그분이 부활하신 후 심지어 자기의 제자들에게 조차 그렇게 하셨습니다. 이것은 그분은 언제나 우리로 하여금 형식적인 것들이 아니라, 성령을 쫓아 그분을 알게 하려고 의도하시기 때문입니다.

주님께서는 다음과 같이 선포하셨습니다.

> 내가 너희에게 이르노니 이제부터 너희는 찬송하리로다. 주의 이름으로 오시는 이여 할 때까지 나를 보지 못하리라 하시니라 (마태 복음 23:39)

주님께서 우리에게 보내신 자들을 축복하는 것을 우리가 배울 때까지 우리는 그분을 못 볼 것입니다. 그들이 우리에게 오는 현실적인 것에 관계없이 말입니다. 심지어 이스라엘 조차도 주님께서 자신들이 기대하고 있지 않던 모습으로 그들에게 오셨을 때, 주님을 알아보지 못했습니다. 이것은 하나님의 백성들에게 있어서 새로운 문제가 아니라, 심각하고도 진지한 문제입니다.

2. 다양성

교회는 가장 근본적인 인류 문제들에 대해 해답을 가지도록 부르심을 받았습니다. 인종차별주의는 역사상 가장 근본적이고 치명적인 문제들 가운데 하나입니다. 그리고 그것은 이 시대에 권능 가운데 크게 증가하고 있습니다. 그러나 교회는 달라지게 될 것입니다. 그 이유는 주님께서 내 집은 만민의〈for all the nations(ethnos)〉기도하는 집이라 칭함을 받으리라.(마가 복음 11:17)고 선포하셨기 때문입니다. 교회가 만민을 위해 진실로 만민을 위해 기도하는 집이 되기까지 교회는 교회가 되어지도록 운명 지워진 것들을 충족시키지 못해왔습니다. 바울은 방언은 표적이라고 말했습니다 (고린도 전서 14:22). 무슨 표적입니까?

교회는 인간의 언어가 나누어졌으며, 사람들은 서로 다른 인종들과 문화들로 분리되었던 바벨 탑에 대해 정반대의 것이 되는 표적입니다. 우리는 오순절 날에 이것에 대한 맨 첫 번째의 위대한 실증을 보게 되는데, 그날은 바로 교회가 태어난 날입니다.

그때에 경건한 유대인이 천하각국(every nation:〔ethnos〕)으로부터 와서 예루살렘에 우거하더니 이 소리가 나매 큰 무리가 모여 각각 자기의 방언으로 제자들의 말하는 것을 듣고 소동하여(사도행전 2:5-6) 교회는 인종, 문화, 언어 등에 관계 없이 사람들이 다시금 연합되게 될 장소입니다. 한 가지 언어를 듣고 이해하던 천하각국으로부터 온 유대들이 있었다는 것은 흥미롭지 않습니까?

예수님은 하나님의 말씀 또는 우리에 대한 하나님의 편지 (Gods communication to us) 입니다.

사람들이 그분의 영광을 볼 때, 그분이 높이 들리워지실 때, 모든 사람들은 그분에게로 이끌림 받을 것이며, 또한 한 마음으로 다시금 이해하게 될 것입니다.

진정으로 그분을 예배하는 교회는 바로 그것의 실증이 될 것입니다.

어떤 문화적 배경으로부터 왔던 또는 남자이든 여자이든 교회 안에서 회심자들은 하나님 앞에서 동등한 입장에 서있다는 것을 사도 바울은 갈라디아 교인들에게 말했습니다.

> 누구든지 그리스도와 합하여 세례를 받은 자는 그리스도로 옷 입었느니라. 너희는 유대인이나 헬라인이나 종이나 자주자나 남자나 여자 없이 다 그리스도 예수 안 에서 하나이니라. (갈라디아서 3:27-28)

정치적 권세나 전문적인 사역과 같은 것에서는 우리가 하나님 앞에 서있는 입장에서 차이점이 있을 수 있겠지만 인종과 성별 또는 문화적 배경과는 전혀 관계없는 것입니다. 심지어 가장 최근에 거듭난 그리스도인도 세상에서 가장 위대한 설교자만큼이나 담대하게 하나님의 보좌 앞으로 나아갈 수 있습니다. 하나님은 차별해서 보시지 않습니다. 만일 우리가 그분의 영으로 걸어가고 있다면, 우리 역시 사람을 차별하지 않을 것입니다.

3. 친한 사람들의 가혹 행위

친밀한 사람들의 가혹행위라고 불리워 지는 문제는 타락한 인류를 결박하는 가장 강력한 멍에들 가운데 하나입니다. 그리고 그것은 끊임없이 교회를 방해합니다. 이 멍에는 왜 알코올 중독자인 아버지를 둔 집안에서 성장하는 소녀들 중 높은 비율이, 이것이 유발시키는 고통과 괴로움에 관계없이 왜 거의 반드시 술을 과도하게 마시는 사람과 결혼하게 되는지를 심리학자들은 이해하지 못해 왔으며 이것은 그들을 줄곧 당황스럽게 해 왔습니다.

내 집은 만민의 기도하는 집이라.

    심한 고통을 가하며, 위험한 친밀한 관계의 사람들이, 훨씬 더 많은 희망을 주는 친밀하지 않은 관계에 있는 사람들의 예측 불가능성(unpredictability)보다 그들에게는 훨씬 더 매력적입니다.

    이것은 많은 인종 집단들을 그들의 사회적 경제적 장벽들로부터 벗어나지 못하는 것과 동일한 멍에입니다. 모든 토론들과 이것을 극복하기 위한 참된 시도들에도 불구하고 대부분의 사람들은 변화를 두려워합니다. 우리는 왜 그다지도 쉽사리 우리와 친밀한 사람들을 속박하고 있는 바로 그 속박 안으로 들어가게 되는 것일까요? 그것은 우리가 우리의 보호를 주님 안에 두려고 하는 대신에 우리의 환경에 두려는 경향이 있기 때문입니다. 진정한 변화를 일으키기 위해서, 우리가 처해진 상황으로부터 빠져 나오는 다리로서 강력한 신뢰가 반드시 구축 되어져야 합니다. 이것은 대개 대부분의 사람들이 기꺼이 내 주려고 하는 것 보다 더 많은 시간과 노력을 요합니다. 이것은 새로운 문제가 아닙니다.

    이스라엘 백성들이 그들 위에 하나님의 초자연적인 공급이 행해지고 있는 동안에도 애굽의 고기 가마(flesh pots)를 갈망하기 시작했을 때, 심지어 그들 안에서도 우리는 이 속박을 보게 됩니다.

예레미야서 48장 11-12절은 이 주제를 모압과 관련하여 이렇게 말씀하고 있습니다.

> 모압은 예로부터 평안하고 포로도 되지 아니하였으므로 마치 술의 그 찌끼 위에 있고 이 그릇에서 저 그릇으로 옮기지 않음 같아서 그 맛이 남아있고 냄새가 변치 아니하였도다. 그러므로 나 여호와가 말하노라 날이 이르리니 내가 그 그릇을 기울일 자를 보낼 것이라. 그들이 기울여서 그 그릇을 비게 하게 그 병들을 부수리니 (에레미야 48:11-12)

주님께서 그릇에서 그릇으로 옮기시면서 비워지는 것에 대해 말씀하셨을 때, 그분은 변화에 대해 말씀하시고 계셨던 것입니다. 이것은 그 당시에 포도주가 어떻게 정제되는가 하는 것입니다. 그것은 어떤 그릇에 부어져서는 당분간 그렇게 있도록 허용 되었습니다. 불순물이 그릇 바닥에 침전되었을 때, 그것은 다른 그릇에 부어져서 그대로 있도록 허용 되었으며, 그래서 남아있는 불순물이 가라앉을 수 있었습니다.

그러므로 포도주가 더 많이 그릇에서 그릇으로 옮겨져 왔다면 그것은 더욱 더 순수해지게 됩니다.

모압은 순결하게 하는 변화의 과정들에 종속되어보

지 않았기 때문에, 그 나라의 포도주는 순수하지 못했습니다. 그러므로 주님께서는 그것을 쏟아 부어버리시겠다고 맹세하셨던 것입니다.

이것이 바로 주님께서 우리의 삶에 충격을 주기 위하여 종종 급진적인 변화들을 허용하시는 이유입니다. 그러한 급진적인 변화들은 거의 항상 당황케 하는 것들입니다. 포도주가 새로운 그릇 안으로 부어졌을 때마다, 그것은 가라앉지 않습니다. 거기에는 남아있던 불순물들을 끄집어내는 격동과 흔들림이 있었습니다. 우리가 변화 안으로 떠밀려 들어갈 때마다, 우리 삶에서 많은 것들이 표면에 떠오르기 시작합니다. 대개 우리는 매우 신속하게 우리가 얼마나 많이 우리의 신뢰를 하나님께 두는 대신 우리가 있는 그릇에 두어 왔는지를 보게 될 것입니다. 그러나 우리는 다시금 침전되어 가라앉게 될 것이며, 우리는 보다 더 순수해지게 될 것입니다. 변화는 깨끗하게 하는 것 입니다. 그것이 바로 주님께서 이스라엘 백성들을 광야에서 대부분의 시간을 계속해서 움직이게 하셨던 이유들 가운데 하나입니다.

제1부 인종차별주의와 사망의 영

4. '미국'이라는 이름의 포도주

그러면 이것을 국가적 상황 안에다가 적용해보면 어떻게 되는지 한번 살펴보도록 합시다. 우리가 미국에서 흑인문제를 살펴볼때, 한가지 좋은 예가 발견되어집니다.

도심부에서 일어나는 범죄와 폭력문제들의 대부분은 가족문제와 관련되어져 있습니다.

흑인가족들은 가정에서 아버지와 함께 살아가는 비율이 낮으며, 집에 있는 아버지들 가운데서도 많은 경우가 역할 모델에서 변변치 못합니다.

이 문제의 근원은 무엇일까요?

한 마디로 대답하면, 노예제도가 바로 이문제의 근원적인 뿌리 입니다.

한 아버지가 다음날 자신이 어디론가 팔려갈 수도 있으며, 또한 자기의 가족들을 결코 다시 만날수 없을지도 모르는 사실을 직감하면서도 아무렇지도 않게 매일 밤 잠자리에 든다는 것이 어떤 것인지를 진정으로 이해하는것은 쉽지 않습니다.

자신의 아내, 또는 아내와 자녀들 모두 팔려 갈 수 있으며, 그는 그들이 어디로 팔려가게 될린지 조차 알지 못합니다.

내 집은 만민의 기도하는 집이라.

그런 상황이 그 가족들에게 어떠한 영향을 미쳤겠습니까?

필연적으로 감수해야 할 수밖에 없는 끔찍한 고통때문에 아버지, 어머니, 그리고 자녀들은 서로에게 자신들의 마음을 진정으로 줄 수가 없었던 것입니다.

1712년 서인도제도의 윌슨 린치(Wilson Lynch)라는 이름의 한 노예소유주가 노예가족의 가족관계를 해체해버리고, 반역으로부터 그들의 충성심을 유지시키기 위한 어떤 전략을 고안해내는 편지를 버지니아에 있던 영국식민지에 보냈다. 그가 생각해냈던 것은 흑인가족의 가족의식이 깨뜨려졌을때, 그 흑인노예들이 가지게 될 유일한 충성심은 그들의 주인에 대한 충성심이 될 것이라는 내용이었습니다.

이 전략이 실행에 옮겨졌을때, 수 백년 동안, 흑인가족의 구성체계가 파괴될 것이라고 그는 공언했습니다.

그의 악마적인 예언은 실현 되었습니다.

흑인여인들은 수 세대 동안 줄곧 가족들에게 아버지와 어머니로서의 역할을 동시에 수행해와야만 했습니다. 그리고 바람직한 입장에서 그들은 아버지를 받아들이는데 어려운 시간들을 경험해 왔습니다.

아버지들 역시 어머니들이 어려움을 겪는 시간 만

제1부 인종차별주의와 사망의 영

큼 똑같은 어려운 시간들을 경험해 왔습니다.

만일 백인들이나, 어떤 다른 종족들이 흑인들이 겪어왔던 것과 동일한 역사적 문제들을 겪어왔다면 그들도 역시, 지금 흑인들이 가지고 있는 문제들과 동일한 문제들을 가지게 되었을것 입니다.

나는 실제로 많은 백인지도자들이 다음과 같이 말하는 것을 들어왔습니다.

"만일 흑인들이 약간의 의욕만 가지고 있다면 더 이상 도심부의 문제들은 가지지 않게 될것이다." 라고 하는 발언을 말입니다.

노예들이 윤리적인 작업장에서 일했을 것이라고 여러분은 생각하십니까?

그토록 깊은 문화적 상처들은 십자가의 개입 없이는 결코 치유되지 않는것입니다.

주님께서 이스라엘백성들로 하여금 애굽의 노예가 되도록 허락하셨던것과 동일한 이유로, 미국의 흑인들도 노예가 되도록 허용되어졌던 것입니다.즉, 그들은 하나님에 의해 운명지워졌던 것입니다.

그들이 이 운명 안으로 들어올때, 미국의 나머지 사람들은 이 위대하고 고귀한 사람들인 흑인들에 대해 감사하게 될것입니다.

흑인의 운명은 미국 땅에 새로운 수준의 자유를 가

내 집은 만민의 기도하는 집이라.

져오는 것입니다. 이것은 하나님께서 사람들을 창조하셨을때 가지도록 의도하셨던 고귀함과 영예가 있는 진정한 자유가 될 것입니다.

제2부 치유의 권능

내 집은 만민의 기도하는 집이라.

　예수님께서 채찍에 맞으심으로 우리는 나음을 입었습니다. 어떤 의미에서, 우리는 또한 우리가 상처 받은 바로 그 자리에서 치유를 위한 권능을 받습니다. 한 때의 상처는 치유 받았습니다. 심지어 상처가 이미 치유 받았을 때 조차도, 상처의 흔적이 있는 그 부위에는 예민함이 남아 있습니다. 줄곧 학대 받아온 사람은 학대 받아온 다른 사람들에게 예민해지게 됩니다. 학대 받아온 어떤 사람들이 진실로 치유 되었을 때, 그들은 단순히 진정으로 자유 할 뿐만 아니라, 그러한 동일한 상처를 가진 자들에게 치유를 베푸는 권위도 가지게 될 것입니다.

　흑인들은 십자가를 포용하려 하며, 그들이 받아온

제 2 부 치유의 권세

상처를 치유 받으려 하고 있습니다. 그리고, 그런 사랑에 의해 우리 모두를 자유하게 할 엄청난 권능으로 미국 백인들을 사랑하려 합니다.

톰 아저씨의 오두막 집(Uncle Toms Cabin)에 나오는 톰 아저씨는 진실로 하나의 예언적 모습이었습니다. 그가 자신의 주인들의 손에 받아온 모든 학대에도 불구하고 그는 그 주인들보다 훨씬 더 자유했습니다. 그리고 만일 그것이 자기 주인의 구원을 가져온다면 그는 자기의 생명을 내려놓기 위해 자신의 위대한 자유를 기꺼이 사용하고자 했습니다. 미국에 있는 흑인 신자들은, 자신들이 완전히 치유 받았을 때, 부흥과 진정한 영적 자유를 전 미국에 가져오게 될 것입니다. 미국의 도심부 과밀 지구들 (The inner cities of America)은 궁극적으로 하나님의 영광과 임재가 거하시는 하나님의 성소의 지성소가 될 것입니다.

미국이 지금까지 경험해 왔던 것 중에서, 하나님의 가장 위대한 움직이심이 도심 부 과밀 지구들로부터 나오게 될 것입니다. 교외 변두리 지역에 있는 교회는 금을 가지고 있을지도 모르지만, 도심부 과밀 지구의 교회들은 영광으로 교외에 있는 교회가 질투하게 할 것입니다. 지혜로운 사람들은 자신들이 가진 금을 취하여 그것으로 주님을 위한 성막을 세울 것인데, 그

내 집은 만민의 기도하는 집이라.

성막은 사람의 손으로 만들어 진 것이 아니라 사람들로 이루어 진 것입니다.

미국은 거의 모든 민족들로 구성된 나라입니다. 이것은 지금까지 획득해왔던 위대함의 기초입니다. 그러나 이것은 또한 우리가 가진 엄청난 문제들의 기초이기도 합니다. 비록 그렇다 할 지라도, 우리는 거의 모든 나라들이 가지지 못한 하나님의 엄청난 영광을 접할 수 있는 잠재력을 가지고 있습니다. 사람들이 천하 각국으로 부터(행 2:5) 온 사람들이 거주할 장소가 요구되었던 첫 번 째 오순절처럼, 우리는 우리 나라에 또 하나의 위대한 오순절의 배경(setting)을 가지고 있습니다. 우리는 실제로 세상에서 가장 치명적인 문제들 가운데 하나에 대한 해결책을 드러낼 위대한 기회를 가지고 있습니다. 그러나 우리의 위대한 날이 올 때, 우리 또한 반드시 첫 번째 오순절의 사람들처럼 되어야 합니다. 즉 첫 번째 오순절때 다같이 한 곳에 모여 있었던 것(행 2:1)처럼 반드시 연합되어야 한다는 것입니다. 이제 미국은 위대한 승리를 거두게 되거나, 아니면 비참한 실패를 거두게 될 시점과 상황에 직면해 있습니다. 이 강력한 지난날의 요새가 미국에 패배하게 되거나, 아니면 그것이 미국을 패배케 할 것입니다. 미국이 열방과 세계의 지도자로서 훨씬 더

제 2부 치유의 권세

높이 올라가게 되거나, 그렇지 않으면 모든 과거의 위대한 세상 권력들이 추락했던 것처럼 추락하게 될 것입니다. 만일 우리가 이 영광스러운 잠재력을 받아들이지 않는다면 우리는 여러 가지 문제들에 의해 파멸될 것 입니다.

주님께서 심판을 묘사하셨을 때, 그분께서는 열방들을 양들과 염소들로 분리하실 것이라고 말씀하셨습니다. (마태 복음 25:31-46). 양들은 그분의 나라에 들어가게 될 것이며, 염소들은 영원한 형벌에 처해지게 될 것입니다. 그 둘 사이의 현저한 차이점은 양들은 그분이 목마를 때 그분께 물을 주었으며, 그분이 굶주렸을 때 그분께 음식을 주었으며, 그리고 그분이 나그네 되셨을 때 그분을 영접하였던 사람들입니다 (35절). 양들이 그들이 이런 행위를 했던 것에 관해 물었을 때 그분이 이렇게 대답하셨습니다,

> 내가 진실로 너희에게 이르노니 너희가 여기 내 형제 중에 지극히 작은 자 하나에게 한 것이 곧 내게 한 것이니라. (40절)

우리가 장차 심판 받게 될 근본적인 주제들 가운데 하나는 우리와 다른 사람들에 대한 우리의 동일시하

는 경향이 될 것입니다. 비록 모든 나라들이 이런 식으로 나누어지게 되겠지만, 우리는 마지막 때 많은 나라들이 무시무시한 파멸로 치닫게 될 것을 압니다. 그러나 이 세상 나라들 중 어떤 나라들은 우리 주님의 나라들이 될 것임을 우리는 또한 압니다 (계시록 11:15). 주님의 나라에 들어가게 될 양이 되도록 판결을 받게 될 나라들은 외국인들에게 개방되어 있는 사람들일 것입니다.

이것이야말로 우리 모두가 심판 받게 될 것에 관한 근본적 주제입니다. 그리고 그것이 바로 주님께서 미국과 다른 많은 나라들 위에 축복을 베풀어오신 이유입니다. 인종차별주의는 인간의 마음 속에 있는 두 가지의 가장 근본적인 주제인 두려움과 교만을 다루기 때문에, 이 문제와 정면으로 대결하는 것은 주님의 나라에 들어가기 위해 우리가 가지는 가장 위대한 기회들 가운데 하나입니다. 겸손은 우리로 하여금 우리와 다른 사람들에게 열린 태도를 가질 수 있게 해 주는 기본적인 특성입니다. 겸손은 또한 우리에 대한 다른 사람들의 방어적 태도를 누그러뜨리도록 도와 줍니다. 하나님은 겸손한 자에게 은혜를 주시기 (야고보서 4:6) 때문에, 이 문제를 극복하는 것은 우리로 하여금 하나님의 은혜에 가장 열려지도록 해 줍니다. 우리가 이것을 그리스도인의 사랑에 더할 때, 그리고 우리가 서로를 허물어뜨리기 보다 서로를 세워 주는데 더욱 헌신될 때, 우리는 하나님 나라의 토대 위에 세우고 있는 것입니다.

1. 문화적인 상처들을 치유함

 문화적인 죄악들은 사람들이 스스로를 겸손하게 하고, 자신들의 선조들이 행했던 죄악에 대해 회개하려고 일어날 때까지 세대에서 세대로 내려오게 됩니다. 이것이 바로 우리가 그토록 자주 구약 성경에서 이런 경우를 보게 되는 이유입니다. 그리고 이러한 회개는 대개 죄와는 전혀 관계가 없는 다니엘 같이 가장 의로운 사람들에 의해 행하여졌던 이유이기도 합니다. 그들은 단순히 이 원칙을 이해하였으며 그리고 그들의 백성들을 위해 벌어진 틈 사이에 기꺼이 서고자 했습니다. 이것은 십자가의 바탕 이었으며, 그리스도의 진정한 성품입니다. 뿐만 아니라, 그리스도처럼 되고자 하는 사람들이 반드시 본받아야 하는 참된 성품이기도 합니다.

 성경적인 회개는 단지 잘못했다고 말하거나, 심지

내 집은 만민의 기도하는 집이라.

어 유감을 느끼는 이상의 것입니다. 그것은 우리의 악한 길들로부터 방향 전환을 의미합니다. 남부지역에 있는 백인 교회는 노예 제도를 정당화시키고 영속시키려는 광신적인 신학과 철학들의 원인을 제공해 준 요새들 가운데 하나였습니다. 남침례교 총회는 실제로 노예 제도를 정당화하고 영속화 시키기 위한 시도로서 태동되었습니다. 비록 오늘날의 남침례교 총회는 원래의 총회와는 전혀 다르고, 많은 남침례교도들이 인종 차별 주의에 대항한 전쟁의 최전선에서 싸워왔지만, 일요일 오전 11시가 아직도 여전히 그 주간의 가장 격리된 시간인 이유가 있습니다. 남침례교 총회 그리고 대부분의 다른 교단들과 교회 내의 운동들 안에는 지금도 여전히 인종 차별의 요새들이 있습니다.

이것은 어떤 단일 그룹을 손가락질 하려는 것이 아닙니다. 전체적인 교회는 원수의 가장 강력한 진(stronghold)인 인종 차별 주의의 요새들 가운데 하나입니다. 그것이 우리가 그토록 많은 교파를 가지고 있는 이유입니다. 그러나 교회는 자유하게 될 것이며, 남침례교는 지금 세상을 휩쓸어가고 있는 이 무시무시한 어둠에서 우리가 나오도록 도울 것입니다. 남침례교는 지금 바야흐로 엄청난 부흥의 가장자리에 와

제 2 부 치유의 권세

있습니다, 그리고 그것은 이 인종 차별이라는 무시무시하고도 악한 힘에 대한 공격을 그들이 양보하지 않음으로써 발화하게 될 것입니다.

인종차별주의라는 세상의 지배자를 대적하는 이 위대한 전투에서 지도력을 갖고, 마틴 루터 킹 주니어가 했던 것을 백인 남침례교회가 하는 영예를 가졌어야 합니다. 비록 그랬다고 하더라도, 남침례교회는 그 전투에 집중할 것이며 궁극적으로는 그 전투를 지도하게 될 것입니다. 주님께서는 구속(redemption)을 기뻐하십니다. 그것이 바로 그분의 근본적인 일입니다. 주님은 남침례교 총회 안에서 악을 위해 의도되었던 것들을 취하는 것을 기뻐하실 것입니다. 그리고 주님께서는 교회를 이런 식으로 이용하려고 시도했던 바로 그 악을 파멸시키시며 선을 위해 그것을 사용하시려고 하십니다.

2. 교회의 빛

인종차별주의는 세상에서 가장 심각한 문제들 가운데 하나입니다. 그리고 우리는 반드시 이 문제에 대한 해답을 세상에 제시하여 보여 주어야만 합니다. 그러

내 집은 만민의 기도하는 집이라.

나 만일 우리가 우리 스스로 안에 동일한 요새들을 가지고 있다면 우리는 세상의 문제들에 대해 영적인 권위를 가지지 못할 것입니다. 오늘날의 교회는 여전히 인종차별 주의의 가장 강력한 요새들 가운데 하나라는 사실을 우리는 반드시 인식해야 합니다. 교회는 오늘날 세상에서 가장 인종 차별적인 기관들 가운데 하나입니다. 이것에는 어느 정도의 주목할 만한 예외가 있기는 하지만, 일반적으로 그것은 사실입니다. 영적인 고집불통은 정확히 자연스런 태도만큼 이나 널리 퍼져 유행하고 있습니다.

영적인 인종차별주의는 우리가 다른 교회들, 다른 운동들 또는 다른 사람들을 우리 보다 열등한 것으로 판단하거나, 그들이 우리 그룹의 일원이 아니라는 이유로 두려워하게 될 때, 역사합니다. 이러한 인종차별주의의 영적인 형태는 오늘날 그리스도의 몸에 있는 많은 분열과 교파들이 존재하는 근원적인 원인입니다.

사도 바울이 교회의 장로들을 위한 자질들을 열거했을 때, 그는 장로들이 나그네를 대접할 줄 알아야(디도서 1:8)한다는 것을 명시했습니다. 헬라어의 원래 뜻으로 이 말은 이방인들이나 외국인들에게 환대하는 사람이라고 진술하고 있습니다. 기본적으로 그가 말하고 있는 바는 교회의 지도자가 되기 위해서,

믿는 자들은 다른 사람들에 대해 열린 태도를 취해야 한다는 것입니다. 이것이 전정한 영적 지도력에 필수적인 사항입니다. 다른 사람들에 대해 열려 있지 않는 사람은 너무 교만하거나 또는 너무 불안정하여 교회의 지도자가 될 수는 없습니다.

3. 연합의 본질

전세계적인 인종적 분쟁들로부터 전세계가 증가하는 혼돈으로 빠져들어가고 있는 동안, 교회는 계속해서 연합되어져 갈 것입니다. 그러나 우리는 우리의 연합을 반드시 이해해야 하는데, 마치 한 남편이 자기의 아내를 남자로 만들려고 시도함으로써 자신의 아내와 하나가 되는 것은 결코 아닌 것과 마찬가지로, 이것은 우리 모두가 똑같아 진다거나, 동일한 조직 구조에 복종시키는 것을 의미하는 것이 아닙니다. 우리의 연합은 우리가 서로 다른 점에 대해 인정하고 존중해 주는 데 기초합니다.

모든 피조물들은 다양성에 대한 주님의 사랑을 반영하고 있습니다. 그분은 모든 눈송이를 서로 다르게 만드시며, 모든 사람들도 역시 서로 다르게 만드십니다. 그분은 모든 교회를 다르게 만드시기 원하십니다. 그러나 이러한 다름은 충돌하고 분쟁하도록 계획된 것이 아니라, 서로 서로 보완 해주기 위해 계획된 것입니다.

우리가 이러한 차이점을 위협으로 보는 것은 우리가 주님으로부터 계속해서 너무 멀리 떨어져 있거나 계속되어온 불안정성의 결과 때문일 뿐입니다.

이것은 교회들과 운동들 사이에 서로 상충하는 교리적이고 절차적인 상이점들이 없을 것임을 암시하려는 것이 아닙니다. 우리가 또한 이해하지 않으면 안되는 것은 교회의 진정한 연합은 우리의 신념을 타협함으로 오게 되는 것이 아니라는 사실입니다. 비록 그렇다하더라도, 교회 내에서 분쟁과 분열을 초래해 온 대부분의 차이점들은 우리가 서로를 갈라지게 할 만큼 심각한 것이 아닙니다.

많은 경우에 진리에 대한 우리의 비전에 적절한 균형과 조화를 주기 위해 우리가 가장 필요로 하는 사람들로부터 우리는 가장 심하게 저항 받고 있습니다.

나의 교회 생활인 20년 이상 동안 진리에 대해 진정한 헌신에 진실로 기초해 있는 단 하나의 분열도 나는 결코 목격한 적이 없습니다. 사람들은 교리나 절차를 하나의 변명 거리로써 사용했을 수 있었겠지만, 내

제 2부 치유의 권세

가 목격해 온 모든 분열 이면에 있는 참된 이유는 영토의 보존이었는데, 그것은 교회 안에 있는 가장 치명적이고 이기적인 해악이며, 또한 우리의 영적인 인종 차별의 주된 토대이기도 합니다. 인종 차별주의는 죽음의 영에게 권능을 부여해 줍니다. 그리고 또한 이 영은 다른 어떤 원수보다도 아마도 더 많은 교회들과 하나님의 운동들을 죽였을 것입니다.

이 원수로부터 우리가 자유 하게 되기까지, 우리는 인류의 문제들에서 그것을 이기는 영적인 권위를 가지지 못할 것입니다. 우리와 세상을 위한 유일한 대답은 십자가입니다. 십자가에서 분열의 벽은 허물어 졌으며, 그리고 우리는 진정한 연합에 들어가기 위해 자유하게 될 것입니다.

오늘날 세상에 있는 가장 중요한 인종적 장벽들 가운데 하나는 남자와 여자들 사이에 있습니다. 남자와 여자의 차이점들을 인정하고 존중하면서 한 남자가 여자와 적절하게 연관되어지는 것을 배우기까지, 남자는 원래 의도되었던 진정한 남자가 결코 될 수 없을 것입니다. 남자들이 여자들이 가지고 있는 조화에 대해 열린 마음을 갖기까지 남자들은 세상에 대한 진정한 조화나 주님을 포함하여 다른 어떤 것과도 진정한 조화를 가질 수 없을 것입니다.

내 집은 만민의 기도하는 집이라.

여자에게도 이 사실은 동일하게 적용됩니다. 그러므로 진리 안에서 걸어가기 위해, 우리는 서로를 필요로 합니다. 한 여자가 남자들과 적절하게 연관 되는 것을 배우지 않고는 그녀가 창조시 되도록 의도되었던 그러한 여인이 결코 되지 못할 것입니다. 상호간에는 남아 있는 깊은 상처들이 있습니다. 그러나 십자가에는 그들 모두를 위한 치유가 있습니다. 그 외 다른 어느 곳에도 진정한 치유는 있을 수 없습니다.

성령은사주의(Charismatic), 오순절, 침례교, 감리교 또는 다른 어떤 교파일지라도 교회의 다른 교단들과의 적절한 관계성을 갖지 않고는 자신의 부르심 받은 운명을 충족시키지 못할 것입니다. 비록 이스라엘의 대 제사장은 레위 족속 출신이지만, 그는 다른 족속들 모두를 상징하는 돌들을 자기 가슴에 지녔습니다.

이것은 높은 부르심 안에서 걸어가게 될 사람들은 반드시 그들의 마음으로 하나님의 백성들 모두를 품어야 함을 상징하기 위함이었습니다.

오직 우리 스스로가 영적인 인종 분쟁으로부터 해방되었을 때만이 우리는 만민의 기도하는 집 (이사야 56:7)이 될 것입니다. 이것이 바로 우리의 근본적인 부르심입니다. 시대는 우리가 이 일을 하게끔 명백하

제 2부 치유의 권세

게 요구 되어지는 절망적인 상황 안으로 우리를 밀어 넣는 압박이 막 일어나려는 참입니다. 시간을 낭비해 서는 안되겠습니다, 세상을 이기지 못하는 사람들은 오히려 세상에 의해 잠식당하게 될 것입니다. 우리가 십자가를 짊어지기 시작할 때, 이 세상에서 우리에게 복종하지 않을 영은 없습니다.

십자가는 세상을 이겼습니다. 그리고 우리가 그것 을 품을 때, 우리 또한 세상을 이기게 될 것입니다. 우리가 주님의 안목으로 서로를 보고, 주님의 귀로 서 로에 대해 들으며, 그리고 주님의 마음으로 서로를 사 랑할 수 있기까지 우리는 결코 진정한 연합을 이루지 못할 것입니다. 세상에 있는 모든 인간의 문제들은, 우리가 십자가를 품을 때까지 우리가 그 문제들을 극 복하는 것은 불가능 합니다. 그렇지만 교회인 우리가 그것을 완성할 때까지, 어떻게 사람들이 이 일을 하라 고 기대할 수 있겠습니까? 결코 기대할 수 없습니다.

우리는 오직 우리가 포도나무 안에 거하는 정도만 큼만 진정한 성령의 열매를 맺을 수 있습니다. 그분과 우리의 연합이 강하면 강할수록, 우리는 더 많은 열매 를 맺게 될 것입니다.

주 예수님께서는 그분의 자연적인 눈으로 보신 것 이나, 그분의 자연적인 귀로 들으신 것으로 판단하지

내 집은 만민의 기도하는 집이라.

않으셨습니다. 주님의 판단은 아버지께서 주님께 계시해 주신 것에 의해 결정되었습니다. 만일 우리가 세속의 신문, 저녁 뉴스, 또는 심지어 우리 자신의 눈으로 때때로 보는 것으로부터 우리의 분별의 근거를 계속 얻는다면 우리는 진리 안에서 걸어 가기를 기대할 수 없습니다. 오직 하나님만이 알고 계시는 숨은 이야기가 어떤 이야기 뒤에 항상 잊기 마련입니다. 그러나 만일 우리가 우리의 분별을 위해 주님께로 향한다면 주님은 그것을 우리에게 계시해 주실 것입니다.

4. 사랑과 계시

신명기 10장 18-19절에서, 이스라엘 백성들은 그들 가운데 있는 외국인을 사랑하라는 분부를 받았습니다. 또 신명기 31장 12절에서는 그들은 외국인들을 가르치라는 명령을 받았습니다. 이 안에는 위대한 계시가 있습니다. 우리는 누군가를 가르칠 수 있기 전에 반드시 그를 사랑해야 합니다. 거듭 말씀 드리지만 참된 영적 권위는 사랑에 기초하는 것입니다.

미국은 지구상에서 가장 강력한 나라입니다. 미국은 또한 아마도 모든 나라들 중에서 가장 존경받는 나라이며, 그리고 가장 경쟁력있는 나라일 것입니다. 동

제 2 부 치유의 권세

시에 미국은 아마도 지구상에서 가장 경멸 받는 나라일 것입니다. 이러한 미국에 대한 증오심은 단순한 질투가 아닙니다. 이러한 증오심에는 얼마간의 기초가 있습니다. 그것은 거의 또는 전적으로 의도적이지 않을 수도 있지만 우리는 계속해서 다른 문화들을 공격하고 모욕하고 있습니다.

우리는 참으로 다른 모든 나라들로부터 온 사람들로 이루어져 온 나라이며, 이것을 계속 유지해나가는 최후의 나라가 되어야 합니다.

다른 나라들의 거의 60명에 달하는 국무 총리(Prime Minister)와 지도자들이 미국에서 교육을 받은 적이 있습니다. 그러나, 그들 중 높은 비율이 그들의 정책에서 미국에 반대했습니다. 진주만 공격을 계획했던 일본군 지휘관과 기지 공격을 명령했던 일본군 해군 대장은 둘 다 하버드 대학에서 공부 했습니다. 만일 우리가 그들을 달리 대해 주었더라면 역사는 얼마나 바뀌어 졌겠습니까.?

오늘날 20만에서 30만 명의 외국인들이 미합중국에서 공부하고 있습니다. 이들은 대개 자신들의 나라에서 가장 우수한 자들 입니다. 이들 가운데 많은 이들은 복음을 전하는 것이 법으로 금지되어 있는 나라들로부터 왔습니다. 우리는 심지어 우리의 가정을 떠

내 집은 만민의 기도하는 집이라.

나지 않고도 우리 나라의 대학에서 공부하는 외국인들을 친절하게 환대해 주는 것만으로도 세계를 접촉할 수 있습니다. 그들은 대개 외롭고 고독합니다. 그들 중 많은 이들이 방학 동안에도 갈 곳이 없습니다. 이런 이유로 미국에서의 그들의 시각은 부정적인 경향을 가지기 쉽습니다. 이들 가운데 많은 이들이 언젠가는 자기의 나라에서 지도자들이 될 것인데, 그 중 몇몇 사람들은 심지어 국무 총리나 외무부 장관이 되기도 할 것입니다. 만일 대학 캠퍼스 주변에 있는 교회들이 이러한 외국인 유학생들에게 다가가기만 하는 것으로도 세상은 엄청나게 영향을 받게 될 것입니다.

5. 궁극적인 민족주의자 장벽

영적인 권능과 관련하여 궁극적인 민족주의자 장벽은 유대인과 이방인 사이에 있는 장벽입니다. 이것은 하나님의 계획에 의한 것입니다. 유대인은 아브라함의 자연적인 씨앗이며, 그리고 교회는 아브라함의 영적인 씨앗입니다. 그들은 함께 하늘과 땅을 대표하도록 계획되어 있습니다. 그리고 그것은 아브라함의 씨앗이 크게 성하여 하늘의 별과 같고 바닷가의 모래와

제 2 부 치유의 권세

같게(창세기 22:17)될 것이라고 하나님께서 아브라함에게 약속하셨던 이유입니다. 유대인과 이방인 사이에 있는 장벽이 극복될 때, 그것이 바로 영적인 영역과 땅의 영역 사이에 있는 깊은 틈이 극복됨을 나타내 주는 신호가 될 것입니다. 그래서 영이신 하나님은 사람과 함께 할 자신의 영원한 주거를 확립할 수 있게 됩니다.

유대인은 인간의 영에 대한 구체적 표현(embodiment)입니다. 그들은 안팎으로 무장하여 싸울 준비가 된 인간성의 바로미터입니다. 사도 바울이 다음과 같이 말했던 것처럼 말입니다.

> 복음으로 하면 저희가 너희를 인하여 원수된 자요, 택하심으로 하면 조상들을 인하여 사랑을 입은 자라. (로마서 11:28)

유대인들은 복음을 위하여 냉담하게 굳어져 있거나 아니면 우리가 도달하기에 어려워졌습니다. 이것이 바로 유대인들이 우리가 전하는 메시지에 대한 엄밀한 테스트 와도 같은 존재임을 드러내는 것입니다. 우리가 유대인들을 시기하게 만드는 복음을 가질 때까지 우리는 진정한 복음을 가지지 못합니다. 이것이 우리

내 집은 만민의 기도하는 집이라.

가 유대인 들에게 먼저 복음을 전하라는 권고를 받는 이유입니다. 우리가 유대인들에게 전할 때 우리는 우리가 전하는 메시지의 질을 금방 알게 될 것입니다.

교회에 의해서 유대인이 괴롭힘을 받아 온 상처들은 역사상 가장 깊고 비극적인 것들 가운데 일부입니다. 우리는 우리가 하는 일들을 더욱 어렵게 만들어 왔습니다. 그것은 교회 측에 전례가 없었던 겸손을 가져 오게 될 것입니다. 그리고 그것은 주님께서 우리를 신뢰하여 전대 미문의 강력한 은혜를 이 때까지 없었던 강력한 기름 부으심과 함께 우리에게 부어 주시도록 할 것인데, 유대인을 움직이게 하기 위함입니다. 그것이 바로 하나님의 계획입니다. 유대인이 빠져 있는 교회로서 우리는 우리의 사명을 성취할 수 없습니다. 그들은 반드시 그리스도의 몸된 교회에 접붙여져야만 합니다.

전례가 없었던 이 기름부으심은 교회로 하여금 일찍이 가지지 못했던 겸손과 은혜의 자리로 나아가게 해줄 것입니다. 그렇게 함으로 우리 안에 있는 모든 인종차별적인 장벽이 극복되게 될 것입니다.

이것이 바로, 이 일이 일어 났을 때 그것은 궁극적인 인류에 대한 은혜를 풀어내게 될 것이라고 바울이 그토록 확신할 수 있었던 이유입니다.

저희를 버리는 것이 세상의 화목이 되거든 그 받아
들이는 것이 죽은 자 가운데서 사는 것이 아니면 무
엇이리요. (로마서 11:15)

사망의 영과 사망의 영에게 능력을 주는 인종차별
주의는 유대인과 이방인이 포도 나무에 함께 접목되
었을 때 극복될 것입니다.

6. 새로운 피조물

주님께서 거의 배타적으로 유대인들을 다루어 오신
기간이 약 2000년 동안 이었습니다. 이방인의 때가
지금까지 약 2000여년 동안이나 계속되어 왔습니다.
우리가 지금 막 돌입해 들어가려고 하는 것은 또 다른
유대인의 때가 아니라, 유대인과 이방인이 그리스도
를 통하여 하나의 새로운 창조물이 되는 시기로 돌입
해 들어가려고 하는 참입니다.

진정한 연합은 다양성가운데 있는 연합입니다. 겉
모양의 유사성(conformity) 안에서의 연합을 의미하
는 것이 아닙니다. 회심한 이스라엘은 지금의 교회처
럼 되지는 않을 것입니다. 지금의 교회는 원래 하나님

내 집은 만민의 기도하는 집이라.

이 의도하셨던 모습과는 매우 동떨어져 있으며, 그리고 이스라엘도 역시 그렇습니다. 그 둘이 진정으로 서로 연결 되어질 때, 그들은 모두 지금과는 같지 않게 될 것입니다.

우리는 거듭난 유대인이 교회 안으로 들어 오게 될 것을 필사적으로 필요로 합니다. 이것은 율법으로의 회귀를 의미하는 것이 아닙니다. 그러나 교회는 아직까지 진정한 새로운 피조물이 어떤 모습인지 세상에 아직까지 보여 주지 못했습니다. 아브라함의 자연적인 씨앗과 아브라함의 육적인 씨앗의 연합은 교회가 진정한 새로운 피조물로서 세상에 보여 주기 전에 반드시 선행적으로 요구 되어지는 조건과도 같은 것입니다. 이것이 최상급의 포도주인데 바로 주님께서 마지막까지 남겨 두신 것입니다.

교회 내의 많은 사람들이 이스라엘에 대한 오늘날 하나님의 모든 목적을 교회로 대치해 버리는 대신 신학(replacement theology)을 수용해 왔습니다. 다른 사람들은 교회를 이스라엘로 대치해 버리는 대치 또는대치 신학을 수용해 왔습니다.

이 둘 다 이스라엘과 교회를 향한 이러한 하나님의 궁극적인 목표를 흐리게 합니다. 성경에서 새언약 신학에 대해 가장 분명히 밝히고 있는 로마서에서 바울

제 2부 치유의 권세

은 교회와 이스라엘에 대한 하나님의 목적을 분명하게 정립해 주고 있습니다.

> 그는 또한 그 가지들을 향하여 자긍케 되는 것(롬 11:18)에 대해 경고 했습니다. 거기에 더하여 높은 마음을 품지 말고 도리어 두려워하라, 하나님이 원가지들도 아끼지 아니하셨은즉 너도 아끼지 아니하시리라. (로마서 11:20-21)

이것은 하나님의 목적으로부터 우리가 잘려나갈 수 있다고 하는 매우 중대한 주제입니다.

이것은 이스라엘이 하는 것은 무엇이든지 우리가 반드시 받아들이고 수용해야 함을 의미하는 것은 아닙니다. 유대인들은 그리스도를 통하지 않고 어떤 방법으로 하나님의 목적 안으로 접목될 수 있다는 것은 또한 명백히 비성경적인 것입니다. 그러나 자연적인 가지들에 대해 말하면서 바울은 다음과 같이 선포했습니다.

> 그러므로 내가 말하노니 하나님이 자기 백성을 버리셨느뇨, 그럴 수 없느니라. (로마서 11:1)

내 집은 만민의 기도하는 집이라.

왜냐하면 자연적(육적) 이스라엘을 거절하는 하나님은 아브라함과 구약성경전체를 통하여 친히 약속하신 것에 대한 바로 그 신실함을 배격하시는 것이 되기 때문입니다. 자연적인 유대인을 결코 제외될 수는 없는 것입니다.

그런즉 유대인의 나음이 무엇이며 할례의 유익이 무엇이뇨 범사에 많으니 첫째는 저희가 하나님의 말씀을 맡았음이니라 어떤 자들이 믿지 아니하였으면 어찌하리요 그 믿지 아니함이 하나님의 미쁘심을 폐하겠느뇨, 그럴 수 없느니라. 사람은 다 거짓되되 오직 하나님만은 참 되시다 할 찌어다 기록된 바 주께서 주의 말씀에 의롭다 함을 얻으시고 판단 받으실 때에 이기려 하심이라함과 같으니라. (로마서 3:1-4)

복음으로 하면 저희가 너희를 인하여 원수된 자요 택하심으로 하면 조상들을 인하여 사랑을 입은 자라 하나님의 은사와 부르심에는 후회하심이 없느니라, 너희가 전에 하나님께 순종치 아니하더니 이스라엘에 순종치 아니함으로 이제 긍휼을 입었는지라, 이와 같이 이 사람들이 순종치 아니하니 이는

제 2 부 치유의 권세

> 너희에게 베푸시는 긍휼로 이제 저희도 긍휼을 얻게 하려 하심이니라, 하나님이 모든 사람을 순종치 아니하는 가운데 가두어두심은 모든 사람에게 긍휼을 베풀려 하심이로다. (로마서 11:28-32)

그것은 교회가 자연(육)적인 이스라엘 안에 있는 하나님의 목적을 완전히 볼 수 있는 비범한 겸손을 가져 오게 될 것이며, 자연(육)적인 이스라엘이 교회 안에 있는 하나님의 계획을 볼 수 있는 동일한 정도의 겸손을 가져 오게 될 것입니다. 그리고 그 일이 일어날 때 그 일은 교회와 이스라엘(유대인) 위에 이 때까지 없었던 전대미문의 엄청난 하나님의 은혜를 풀어놓게 할 것입니다.

많은 사람들이 오직 회심한 유대인들만이 동족인 유대인들에게 접할 수 있게 되리라고 말하고 있습니다. 이것은 하나님의 목적에는 상반되는 것이고, 더구나 하나님께서 사람들에게 어떻게 다가가시는 지에 대한 성경적인 증거에도 상반되는 것입니다.

주님께서 베드로를 유대인들에게 보내시고 바울을 이방인들에게 보내셨던 것은 바로 이런 이유 때문이었습니다. 오늘날 우리가 가진 사고방식을 근거로 생각한다면, 주님은 이런 실수를 범하셨던 것입니다. 확

내 집은 만민의 기도하는 집이라.

실히 바리새인들 가운데서도 바리새인이었던 바울은 유대인들과 더 잘 어울릴 수 있었을 것입니다. 그리고 단순한 고기잡이였던 베드로는 명백하게 이방인 들에게 더 잘 접근할 수 있었을 것입니다.

육적인 관점에서 보면 이것은 사실입니다. 그러나 복음은 육적인 것이 아니라 영적인 것입니다. 그리고 육적인 마음은 여전히 그것을 이해할 수 없습니다.

주님께서 바울을 이방인에게로 보내신 이유는 바울이 이방인들에 대해 좋은 감정을 품고 있지 않았기 때문입니다. 그러므로 바울이 자신의 사명을 성취할 수 있는 유일한 방법은 성령님을 전적으로 의지하는 것이었는데, 그것이야말로 복음이 진정으로 능력을 덧입는 유일한 방법입니다. 마찬가지로 베드로가 유대인들에게 나아갈 수 있었던 유일한 방법도 전적으로 성령님께 의지하는 것이었습니다. 이것은 우리 모두에게 사실입니다! 자연적이고 육적인 유사성들은 복음에 도움이 되지 않습니다. 유사성들은 대개 방해가 됩니다.

> 육으로 난 것은 육이요 성령으로 난 것은 영이니
> (요한 복음 3:6)

제 2 부 치유의 권세

　마치 주님께서 이방인들에게 유대인을 보내심으로 이방인들을 낮추셨듯이, 주님은 유대인들에게 이방인을 보내심으로 유대인들을 겸손케 하시려고 합니다. 물론, 그 중 어떤 유대인들은 자기 백성들에게 나아가는데 어느 정도 성공하기도 할 것입니다. 그러나 일반적으로 이것은 그들(유대인들)에 대한 접근 방식이 아닙니다.

　회심한 유대인들의 마음이 자기 백성들에게 접하고자 하는 간절함을 충분히 이해할 수 있습니다. 마치 사도 바울이 심지어 동족들의 구원을 위해서라면 자기 자신의 구원을 기꺼이 포기하려 했던 만큼, 자기 동족들에 대해 애착심이 있었던 것과 마찬가지 심정인 것입니다. 비록 그랬을지라도 바울은 자기 백성들에게 나아갈 수 없었는데, 왜냐하면 그것은 자기의 사명이 아니었기 때문입니다.

　이방인 교회 유대인들에게 나아가야 할 부담을 져야 할 필요가 있습니다. 그리고 우리는 필사적으로 회심한 유대인들이 교회로 가길 갈망해야 할 필요가 있습니다.

내 집은 만민의 기도하는 집이라.

7. 현실에 대한 곡해

뉴스 매체는 백성들 사이에 기만과 분열을 심기 위해 원수에 사용되고 있는 기본적인 도구들 가운데 하나입니다. 비록 이것이 그들의 의도가 아닐지 모르지만 그것은 효과적입니다. 뉴스 자체는 실제에 대한 조잡한 왜곡 입니다. 오직 가장 극단적인 사건들만이 뉴스거리가 됩니다. 그리고 그들 중에서 대부분은 폭력과 파괴의 행동들 입니다. 좋은 뉴스는 선전하지 않습니다. 그러나 심지어 뉴스 거리가 될 만한 좋은 것들도 실상에 대한 진정한 인식이 아닙니다. 국내의 폭력에 대한 뉴스는 수 많은 행복한 가정들에 관한 뉴스에 의해 결코 균형 잡혀 있지 않습니다.

미국인들 가운데 압도적 대다수의 사람들이 지극히 정상적인 방법으로 자신들의 일을 할 것이며, 또한 그 일들을 부지런히 노력하면서 할 것입니다. 그러나 그러한 것들, 즉 지극히 정상적인 미국의 것들 가운데서는 아무 것도 저녁 뉴스 거리를 만들어 내지 못할 것입니다. 뉴스 자체는 미국에서나 또는 어디에서든 삶의 모습을 매우 왜곡해서 나타내 줍니다.

심지어 교회 내에서 일어나는 흥미 있는 사건들을 취재 하는 것에 대해 매우 정직히 하고자 노력하는 기

제 2 부 치유의 권세

독교 매체들 조차도 종종 그들 자신들의 기독교 지도자들에 대한 기사들 때문에 독자들로 하여금 기독교에 대한 비실제적인 인식을 창출해 냅니다. 미국에 있는 보편적인 교회는 뉴스 거리에 오를 만한 교회들과 같지 않습니다. 그러나 자신들이 속해 있는 공동체 안에서 평균적인 교회는 아마도 복음에 대한 진정한 진보를 성취하기 위해 훨씬 더 힘쓰고 있습니다. 이러한 평균적인 교회들은 오늘날 기독교의 선이나 악에 대한 진정한 상태를 훨씬 더 예리하게 반영하고 있습니다.

심지어는 왜곡할 의도가 없을 때 조차도 오늘날 언론 매체의 본성은 실상을 왜곡해 버립니다. 심지어 가족용 시트콤들 조차도 거의 모든 행동이나 대사가 아기자기하고 익살스러우며 또한 드라매틱한 가정들을 고안해 냅니다.

참으로 정상적인 가정이라면 시트콤을 매우 따분하게 만들어 버릴 것입니다. 보편적인 가정의 가족이 텔레비전에 등장하는 가정의 사람들에게 자신들의 삶을 비교해 볼 때 텔레비전에 등장하는 가정의 사람들이 소유하고 있는 것들과, 또 그들이 어떤 사람들인가 하는데 대해 보편적인 가정의 사람들은 종종 실망하거나 낙심하게 됩니다. 이것으로 생겨나는 전반적인 효과는 실상을 흐리게 하며 또 오직 극단적인 것들에 대

내 집은 만민의 기도하는 집이라.

해서만 반응하도록 교묘하게 훈련 되어져 옴으로, 소리의 자극(sound bites)에 대한 우리의 감각력을 감소시켜버리는 결과를 초래하게 됩니다.

요새(stronghold)들은 기본적으로 사람들이 믿는 거짓말입니다. 더 많은 사람이 거짓말을 믿으면 믿을수록, 더 강력한 요새가 형성될 것입니다. 원수는 언론 매체를 사용하고 있는데 거의 모든 것들에 대해 왜곡되고 비뚤어진 인식을 심기 위해서 그렇게 하는 것입니다. 언론 매체들에 의해서 계획되어진 극단적인 것들 중 더욱 많은 것들이 표준적인 행위로 되는 결과를 초래하게 될 것입니다. 오직 진리의 성령을 받은 교회만이 이러한 잘못된 인식과 거짓된 판단의 요새들을 허물어 뜨리는데 요구되는 은혜와 권능을 가지게 됩니다. 우리에게 맡겨진 너무나도 강력한 무기들은 요새들을 허물어 뜨릴 목적으로 주어진 것입니다. 그리고 우리는 그 무기들을 반드시 사용해야 합니다.

8. 극단적인 상태의 기만

사람들 사이에서 분열을 초래하고 또 분열된 상태를 계속 유지하는 데서 사단의 가장 엄청난 성공들 가

제 2 부 치유의 권세

운데 하나는 그들의 가장 극단적인 요소들에 의해 우리로 하여금 다른 사람들의 그룹을 심판하도록 유지해 온 것입니다. 이런 식입니다, 자유주의자 들은 보수주의자들을 보고는 KKK단을 연상합니다, 보수주의자들은 자유주의자들을 보고 공산주의자들을 연상합니다. 이것은 원수들이 사람들의 마음 속에 뿌려 놓았던 풍자들을 통하여 우리로 하여금 서로를 인식하게 하는 원수의 기본적인 전략입니다. 이것은 우리를 더욱 더 분리시키며 또한 원수가 그토록 두려워하는 연합의 가능성을 감소시켜 버립니다.

다른 종교들이나 다른 민족 집단의 매우 극소수의 사람들만이 우리가 언론 매체들에서 보아 왔던 가장 극단적인 사람들에 해당된다는 사실을 우리는 또한 반드시 인식해야 합니다.

원수의 기본적인 전략은 우리로 하여금 의도된 이미지나 캐리커쳐(풍자)들을 따라 다른 사람들을 판단하도록 유도함으로써 분열과 오해를 심는 것입니다. 우리는 육을 따라서가 아니라, 영을 따라 다른 사람들을 판단하는 것을 배움으로써 이 문제를 반드시 극복해야 합니다.

우리는 우리 자신의 분별력을 계속해서 의지해서는 안됩니다. 그리고 많은 경우, 심지어 언론 매체들로부

내 집은 만민의 기도하는 집이라.

터 오는 우리의 정보 조차도 의지하지 말아야 하며,
오직 성령으로부터 오는 정보만을 의지해야 합니다.

제3부 어느편에 속해 있는가?

내 집은 만민의 기도하는 집이라.

하나님의 보좌 앞에서 끊임없이 계속되는 두 가지 행위가 있음을 성경은 나타내 보여줍니다. 하나는 중보이며, 또 하나는 참소입니다. 이 둘 사이의 투쟁은 하나님 나라와 어둠의 나라 사이에 있는 전투의 초점입니다.

하나님께서는 교회를 친히 거하실 처소(dwelling place)로 삼으시려고 선택하셨기 때문에, 그분의 보좌가 자리한 처소(the place of His throne)는 지금 이 전투가 격렬해지고 있는 교회의 한가운데 안에 있습니다.

예수님은 항상 살아서 저희를위해 간구하심(intercession:중보), (히브리서 7:25). 이것이 바로 중보자이시며 제사장이신 예수님의 기본적인 성품입니다.

우리가 그분 안에 거하는 정도만큼, 예수님은 우리를 중보 하도록 사용하실 것입니다. 이러한 이유로, 그분의 교회는 만민의 기도하는 집 (마가 복음 11:17)이 되는 부르심을 받은 것입니다.

> 사단은 우리 형제들을 참소하던 자 곧 우리 하나님 앞에서 밤낮 참소하던 자 (계시록 12:10)

원수가 우리의 삶에 접근해 온 정도만큼, 그는 우리의 형제들을 비난하고 비판하기 위해 우리를 사용할 것입니다.

동산에 두 나무가 있었던 것처럼, 우리는 우리가 참여해야 할 것을 이 둘 중 반드시 선택해야 만 합니다.

우리는 이렇게 질문할 수도 있을 것입니다, 만일 사단이 하늘로부터 쫓겨 났으며 더 이상 보좌에 접근할 수 없다면 어떻게 사단은 하나님 앞에서 성도들을 계속 비난할 수 있을까요.? 라고 말입니다.

그것에 대한 대답은 사단은 자신의 이 마귀적인 일을 행하기 위하여 보좌에 접근할 수 있는 성도들을 이용하는 것입니다.

*역자 주: 우리 말 성경에는 참소하던 자로 과거 시제로 번역되어 있고, 영어 성경에는 참소하는 자 로 현재 시제로 번역되어 있다. 사단은 지금도 여전히 성도를 참소하고 비난하고 있다.

내 집은 만민의 기도하는 집이라.

1. 사단의 가장 큰 승리

사단은 여러 가지 이름으로 불러집니다. 그러나 확실히 그의 가장 효과적인 위장은 줄곧 형제들을 참소하는 자였습니다. 형제들이 형제들을 대적하도록 하는 데서 그의 효과적인 역할 수행이 가능하기 때문에 이 이름이 그에게 주어진 것입니다. 그가 사람의 목적을 훼방하기 위하여 동산에 들어왔던 때부터, 이것이 줄곧 그의 특질이 되어 왔습니다.

심지어 지구상에 단지 두 형제만 있었을 때 조차도, 그들은 사이좋게 살아 가는 것이 불가능 했습니다. 사단의 출현은 언제나 불화와 분열을 진행시킬 것입니다.

교회에 대한 사단의 가장 큰 승리는 형제들끼리 서로 적대하도록 조장시키는 데 있습니다. 참소(accusation)는 빛을 꺼뜨리고, 그리스도 몸의 능력과 증거를 파괴하는 데 원수의 가장 효과적이고 치명적인 도구로서 줄곧 원수가 사용해 온 것입니다.

이 세상에서 우리의 목적을 성취하는 우리의 능력은 우리가 우리의 치명적인 원수를 쫓아내고 서로 서로를 위해서 살아 가는 것을 배울 수 있는 정도에 의해서 결정되어 질 것입니다.

사단의 지배에 대한 가장 강력한 위협은 교회의 연

제 3 부 어느 편에 속해 있는가?

합입니다. 악마는 누구든지 두 사람이 뜻을 모을 때 예수님께서 그들에게 주신 두려운 권위를 잘 알고 있습니다. 단지 두 성도들 사이에서 뜻이 하나가 됨으로, 성부 하나님께서는 그들이 구하는 것을 그들에게 주실 것입니다. 성도 한 사람은 일천 명을 내 쫓을 수 있지만, 성도 두 명이 연합할 때, 일만 명을 내 쫓을 수 있다는 사실을 악마는 이해하고 있습니다. 연합은 단지 우리의 영적인 권위를 조금 정도 증가시키는 것이 아니라, 몇 배로 그것을 증폭시킵니다. 불행하게도 원수는 이러한 모든 것들을 교회가 지금까지 이해해 온 것보다 훨씬 더 잘 이해해 왔습니다.

참소자는 대부분 믿는 자들의 불안정성을 통해 접근해 옵니다. 이 불안정성은 믿는 자들이 자신들의 영토에 집착하도록 내몹니다. 불안정성은 스스로가 통제할 수 없는 어떤 것에 의해 위협 받게 됩니다. 참소자는 다른 사람들을 공격하는 자신의 이유로서 많은 그럴듯하게 보이는 고상한 합리성들을 이용할 수도 있는데, 가령 진리나 양들을 보호하기 위해서 라는명분을 내세우지만 그러나 거의 모든 경우 자신의 영토를 보존하고자 하는 욕망에서 비롯된 것입니다.

교회안에서 누군가가 보다 큰 권위와 영향을 가지면 가질수록 그들은 더욱 더 사단의 공격 목표물이 됩

내 집은 만민의 기도하는 집이라.

니다.

만일 그 사단이 영적인 지도자들의 마음 속에 영토 보전이나 자기를 보존하고자 하는 욕망을 뿌릴 수 있다면, 지도자는 자기 아래 있는 모든 사람들 안에 그것을 뿌릴 것이며, 더욱 파괴적인 분열과 파벌의 영이 있게 될 것임을 사단은 잘 알고 있습니다.

공교롭게도, 우리의 세력 범위를 보호하려고 시도함으로써 야기되는 결과적인 분열이 바로 진정한 기름 부으심과 권위로부터 우리를 끌어내리는 것입니다. 이렇게 되면 궁극적으로 우리가 보존하기 위해 필사적으로 노력하고 있는 바로 그것을 잃어버리는 결과는 초래하게 됩니다. 이것이 바로 저항할 수 없는 영의 법칙 입니다.

> 누구든지 제 목숨을 구원코자 하면 잃을 것이요 누구든지 나를 위하여 제 목숨을 잃으면 찾으리라.
> (마태 복음 16:25)

이사야는 이 주제에 대해 이렇게 묘사합니다.

> 그리하면 네 빛이 아침같이 비췰 것이며 네 치료가 급속할 것이며 네 의가 네 앞에 행하고 여호와의 영

광이 네 뒤에 호위하리니 네가 부를 때에는 나 여호와가 응답하겠고 네가 부르짖을 때에는 말하기를 내가 여기 있다 하리라 만일 네가 너희 중에서 멍에와 손가락질과 허망한 말을 제하여 버리고.(이사야 58:8-9)

만일 우리가 우리들 가운데서 손가락질과 허망한 말 이라고 일컬어지는 멍에를 제하여 버린다면, 우리의 빛이 비추이게 될 것이고, 우리의 치유는 신속하게 올 것이며, 주님의 영광이 우리를 따라올 것이며, 그리고 그분은 우리의 기도에 응답해 주실 것이라는 약속을 우리는 받았습니다. 우리의 비판을 중보 기도로 바꾸는 것 보다 교회와 개개인의 믿는 자들의 삶을 더 급속하게 변화시킬 수 있는 것은 아마도 없을 것입니다.

또한 십중팔구는 비판에 열중하고 탐닉하는 것이 오늘날 교회가 빛이 그토록 적으며, 치유도 그토록 미미하며, 주님의 영광이 그토록 미미하며, 또한 기도에 대한 응답도 그토록 빈약한 주된 이유일 것입니다.

내 집은 만민의 기도하는 집이라.

2. 비판은 교만이다

비판은 교만의 궁극적인 드러남들 가운데 하나입니다. 왜냐하면 우리가 누군가 다른 사람을 비난할때마다, 우리는 그들보다 더 나은 사람이라고 가정하는 우월감을 전제로 하기 때문입니다. 교만은 모든 이성적인 인간이 가장 두려워해야 할 결과를 초래하게 되는데, 그것은 바로 하나님의 저항입니다. 하나님은 교만한 자를 물리치시고 겸손한 자에게 은혜를 주신다 하였느니라.(야고보서 4:6)고 성경은 말씀하고 있습니다.

하나님이 우리를 대적하시는 것 보다는 지옥의 모든 악마들이 우리를 대적하는 것이 더 나을 것입니다!

교만은 처음의 타락을 유발시켰으며, 또한 그 이래로 은혜로부터 떨어지는 모든 타락의 원인이 되어 왔습니다. 주님에 대한 베드로의 배신은 교만이 어떻게 우리를 은혜로부터 떨어지게 하는지에 대한 위대한 예증들 가운데 하나입니다. 베드로가 예수님을 부인했던 같은 날 밤에 그는 예수님을 부인할 때 보다 좀 더 이른 시간에는 예수님을 방어하기 위해 일단의 로마 병정들(약 800명)을 비난했습니다. 비록 이것은 잘못된 열정이긴 했지만, 놀라운 용기였습니다.

그러나 주님께서 베드로가 자신을 부인할 순간이

임박해 있음을 베드로에게 경고하셨을때, 베드로는 다 주를 버릴 찌라도 나는 그렇지 않겠나이다. (마가복음 14:29)라고 선언하면서 감히 하나님의 아들이신 그분께 도전했습니다.

베드로는 자신이 용기 있는 사람이며 주님을 위해 기꺼이 죽을 수 있는 자임을 스스로 알고 있었지만, 단지 그가 모르고 있었던 것은 바로 그 용기가 어디에서 오는 것이지 알지 못했던 것입니다.

그날 밤 주님께서 베드로를 실족하게 하신 것이 아니었습니다.

주님은 단지 베드로가 서있는 은혜를 거두셨을 뿐입니다. 그러자 일단의 로마 병정들 앞에서도 전혀 두려움 없이 용감하게 맞서던 사람이 심지어 한 여종 앞에 조차 설 수 없었습니다!

주님의 은혜 없이 어떤 형편에서든, 설 수 있는 사람은 아무도 없습니다. 여기에는 케케묵은 상투적인 어구 이상의 중요한 의미가 포함되어 있습니다.

이것이 바로 기본적인 성경의 진리입니다. 우리가 문제들을 가지고 있는 다른 사람들을 우리는 그렇지 않다는 이유로 비난하고 정죄할 때, 우리는 그들과 동일한 죄들에 떨어지는 위험에 우리 스스로를 처하게 만들고 있는 것입니다. 이것이 바로 바울이 우리에게

내 집은 만민의 기도하는 집이라.

다음과 같이 경고했던 이유입니다.

> 형제들아 사람이 만일 무슨 범죄한 일이 드러나거든 신령한 너희는 온유한 심령으로 그러한 자를 바로 잡고 네 자신을 돌아 보아 너도 시험을 받을까 두려워하라. (갈라디아서 6:1)

3. 우리는 누구를 비판하고 있습니까?

우리가 누군가 다른 그리스도인을 비난할 때, 우리는 실제로 하나님의 솜씨가 우리의 기준에 부합되지 못한다고 말하고 있는 것이며, 또한 우리는 그것을 더 잘 할 수 있다고 말하고 있는 것입니다.

우리가 누군가 다른 사람의 자녀들을 비난할 때, 누가 성을 내겠습니까? 그들의 부모입니다. 이것은 하나님에게도 조금도 덜하지 않습니다. 우리가 하나님의 자녀들 가운데 한 사람을 판단할 때, 우리는 실제로 하나님을 판단하고 있는 것입니다. 우리가 그분의 지도자들 가운데 누군가를 판단할 때, 우리는 사실 그분의 지도력을 판단하고 있는 것입니다. 그분이 친히 공급하시는 지도력으로 그분이 하시는 일이 무엇인지

제 3 부 어느 편에 속해 있는가?

그분은 알지 못한다고 우리는 말하고 있는 것입니다.

그런 투덜거림과 불평이 이스라엘 백성들 첫 번째 세대로 하여금 그들이 약속 받은 땅으로 못 들어가게 했던 것과 동일한 문제입니다. 그들의 투덜거림과 불평 때문에, 그들의 전 생애를 광야에서 유리 방황하도록 만들었습니다.

또한 이것이 바로 그토록 수 많은 그리스도 인들이 하나님의 약속 가운데서 걸어가지 못하고 있는 주된 이유입니다. 우리는 다음과 같은 경고를 받고 있습니다.

> 형제들아 피차에 비방하지 말라 형제를 비방하는 자나 형제를 판단하는 자는 곧 율법을 비방하고 율법을 판단하는 것이라 네가 만일 율법을 판단하면 율법의 준행자가 아니요 재판자로다 입법자와 재판자는 오직 하나이시니 능히 구원하기도 하시며 멸하기도 하시느니라 너는 누구관대 이웃을 판단하느냐.(야고보서 4:11-12)

우리가 비판하기 위해 누군가에게 손가락질을 할 때, 우리는 우리 스스로에게 멍에를 매게 하는 것입니다.

> 배판을 받지 아니하려거든 비판하지 말라. 너희의

내 집은 만민의 기도하는 집이라.

> 비판하는 그 비판으로 너희가 비판을 받을 것이요 너희의 헤아리는 그 헤아림으로 너희가 헤아림을 받을 것이니라. (마태 복음 7:1-2)

4. 가난의 영

나는 언젠가 이 나라에서 내가 목격했던 가장 강력한 가난의 영들 가운데 하나에 속박 당해 있는 한 주(state)를 방문했던 적이 있습니다. 그들의 가난은 적어도 나에게는 매우 이상하게 여겨졌는데, 왜냐하면 그들은 풍부한 지하 자원들과 아름다운 경관을 가지고 있었으며 또한 그곳의 사람들은 매우 재능이 있었기 때문입니다.

그런데 그곳 사람들의 또 다른 성품적 특성을 간파하게 되었는데- 그들은 부유하거나 능력 있는 사람들을 반드시 경멸하고 비판했습니다. 내가 만났던 조그만 교회의 모든 목사들과 대화는 언제나 대형 교회들과 대형 사역들 을 비판하는 것으로 화제가 옮겨가곤 했습니다. 그리고 이 주에 있는 거의 모든 교회 들이 매우 작았습니다.

이번 경우가 더욱 슬펐던 것은 이러한 작은 교회의

제 3 부 어느 편에 속해 있는가?

목사들 가운데 많은 이들이, 자신들이 비판했던 대형 교회들이나 대형 사역들 보다 더 큰 영적 권위 안에서 걸어가도록 부르심을 받았으며, 더 큰 기름 부으심을 받았기 때문입니다. 그러나 그들의 판단과 정죄는 자신들의 삶에서 하나님의 은혜가 풀어 나오는 것을 억제했습니다.

우리가 때때로 비천에 처해질 수도 있으며 또한 때때로 우리는 풍부에 처할 필요도 있다는 것을 성경적으로도 맞는 말입니다. 사도 바울은 심지어 때로는 굶주렸던 적도 있다고 외쳤습니다. 그리고 그는 우리가 단지 먹을 것과 입을 것이 있을 때 만족하게 여길 것을 우리에게 강력하게 경고했습니다. (디모데전 6:8).

그런데 만일 내가 비천에 처해지게 된다면, 나는 하나님께 복종하며, 그리고 그분께서 나의 삶에서 역사하시려고 하는 것에 복종하여 그렇게 되길 원하지, 다른 사람들에 대한 내 자신의 약한 판단들 때문에 약한 가난의 영에 굴종하여 그렇게 되길 원치 않습니다.

많은 목사들이 다른 하나님의 사람들이 어떤 방법으로 헌금을 거둬들이는가에 대해 비판을 가함으로써, 실제로 자신과 자기 교회의 회중들에게 재정적으로 가난의 멍에를 지웁니다. 그들의 판단들 때문에 그들은 죄책감을 느끼지 않고는 심지어 성경적인 헌금

내 집은 만민의 기도하는 집이라.

마저도 거둘 수 없습니다. 이사야 58장 8-9절은 흑암과, 치유가 급속하지 않은 것, 그리고 기도 응답이 부족한 것과 하나님의 영광의 부족에 대한 근본적인 이유는 우리가 다른 사람들을 비판하고 손가락질하는 비판적인 영 (critical spirit)때문입니다.

그들은 영향력을 얻고 있던 다른 사람들의 사역들을 판단했으며 또한 비판을 가해 왔습니다. 그렇게 함으로써 그들은 그 영역에서 하나님의 은혜로부터 스스로를 실격시켜 왔습니다. 다른 사람들에 대한 우리의 비판적인 말들은 우리에게 가난을 가져오게 할 것입니다. 죽고 사는 것이 혀의 권세에 달렸나니 혀를 쓰기 좋아하는 자는 그 열매를 먹으리라.(잠언 18:21) 또한 솔로몬은 다음 사실을 관찰했습니다.

> 의인의 길은 돋는 햇볕 같아서 점점 빛나서 원만한 광명에 이르거니와 악인의 길은 어둠 같아서 그가 거쳐 넘어져도 그것이 무엇인지 깨닫지 못하느니라.(잠언 4:18-19)

우리가 만일 의로움 가운데서 걸어가고 있다면 우리는 점점 증가하는 빛 가운데서 걸어가게 될 것입니다. 어두움 가운데서 비트적거리는 사람들은 그 어둠

이 왜 왔는가에 대한 이유를 좀처럼 알지 못합니다. 또한 그들은 어둠 가운데 있으려 하지 않습니다. 그러나 비판적인 사람은 거의 모든 사람들에 대해 비판적이지만 자기 자신에 대해서 예외적입니다. 그러므로 그는 자기 자신의 문제들을 볼 수 없습니다. 주님께서 말씀하셨듯이 그는 형제의 눈에 있는 티를 찾아내기 위해서는 그토록 분주하지만 자기 눈에 있는 들보는 볼 수 없습니다. 그들이 앞을 못 보는 영적 소경이 된 것은 바로 자기 눈에 있는 들보 때문입니다.

5. 방해물

예수님께서는 누구든지 주님께 속한 작은 자들 중 한 사람으로 하여금 죄를 범하게 하여 실족케 한다면 차라리 그 사람은 태어나지 않았던 편이 더 낫다고 말씀하셨습니다. 같은 대화 가운데 주님은 죄를 범한 형제를 우리가 어떻게 대해야 하는 지에 대해서 분명한 교훈을 주셨는데, 우리가 넘어지게 하는 방해물이나 거침돌이 되지 않기 위해서 였습니다. 먼저 우리는 반드시 개인적으로 그 사람에게 찾아가야 합니다. 그 사람이 만약 우리의 충고를 받아들이지 않는다면 우리

내 집은 만민의 기도하는 집이라.

는 다른 형제와 함께 그에게 찾아 가야 합니다.

오직 그 사람이 이 두 가지 모두를 거절한 후에만, 우리는 이 사람의 문제를 교회 사람들에게 내 놓아야 합니다. 만약 우리가 이 패턴을 따르지 않는다면, 우리는 죄 가운데 있는 그 사람보다 더 심한 재앙을 받는 고통의 위험에 처해지게 될 것입니다.(마태 복음 18:15-17)

나는 마태 복음 18장의 교훈을 따르지 않는데 대한 허다한 변명과 이유들을 들어왔습니다.

예를 들면 이런 내용들 입니다. 나는 그가 내 말을 듣지 않을 것을 알고 있다 라거나 그가 만약 대중적인 사역을 하고 있다면 나는 그를 공중들 앞에 노출시킬 권리가 있다. 라는식의 변명들 입니다.

그러나 주님께서는 우리에게 사람들이 우리 말을 들을 것을 알았을 때만 주님의 교훈을 따라야 한다고 말씀하시지 않았습니다. 오히려 주님께서는 최소한 어떤 사람들은 우리 말을 듣지 않을 것이며, 또 그런 이유로 계속적으로 걸음해야 한다는 것을 명백하게 암시해 주셨습니다.

대중적인 사역인 한, 이런 변명을 설득력 있다고 말하는 것에 대해 생각해 봅시다. 이것 또한 지나치게 비상식적인 변명입니다. 왜냐하면 모든 사역은 어느

제 3 부 어느 편에 속해 있는가?

정도 대중을 상대로 하는 대중적인 사역이기 때문입니다. 주님께서는 그런 조건들을 제시한 적이 없습니다.

예수님으로부터 직접 주어진 분명한 명령들을 가지고 그러한 자유를 행하는 사람들은 하나님의 말씀에 자기가 무엇인가를 덧붙일 수 있는 권리를 가지고 있다고 주장하고 있는 것입니다.

만일 우리가 믿는 어떤 사람이 죄에 빠져 있으면서 큰 규모의 사역에 몸을 담고 있다면, 우리는 우리자신의 분별력으로 그에게 나아갈 수는 없습니다. 그때 우리는 그에 대해 판단해서는 안 됩니다. 그를 비난하지 말고 그를 위해 중보 하십시오! 주님께서 친히 주님 자신의 집을 판단하실 수 있습니다. 만일 우리가 그분께서 사용하시기 원하는 사람들이라면, 주님은 우리를 위해 길을 만드실 수 있습니다. 만일 그분께서 우리를 위해 어떤 길을 만드시지 않으신다면 우리는 주님께서 주님 자신의 시간에 그 일을 하실 것을 반드시 신뢰해야 합니다. 다시 한 번 말씀 드립니다. 이것은 죄에 빠져 있는 형제보다 더 엄한 심판 아래로 들어가게 되는 것으로부터 우리를 보호하기 위해서 입니다.

우리가 만일 죄에 빠져 있는 어떤 형제를 다루는 것에 있어서 주님께서 정해주신 방법에 따라 다루지 않았다면, 우리는 누군가 다른 사람에게 그것에 대해 이야기할 권리가 절대로 없습니다. 심지어 그 문제에 관해 다른 사람의 의견을 듣기 위해서 일지라도, 그것이 다른 사람들과 나누어져서는 안됩니다. 우리는 다른 사람의 의견을 듣기 위해서 그렇게 했다고 말하지만, 하나님은 보통 그것을 험담이라고 부르십니다. 하나님은 조롱 당하지 않으십니다. 그리고 우리는 그런 경솔한 행동들에 대해 반드시 대가를 지불해야 할 것입니다. 비록 우리가 마태복음 18장에 있는 모든 절차들을 따른다 할 지라도, 우리의 목표는 반드시 죄로부터 형제를 구해내는 것이 되어야 하고, 그를 단지 노출시키는 것이 되어서는 안됩니다.

6. 사랑은 죄를 덮습니다

어떤 형제의 삶 가운데 있는 의심스러운 죄에 대한 우리의 도전들로 인해 도량 좁고 인색해져서는 안되겠습니다. 사랑은 허다한 죄를 덮느니라. (벧전 4:8). 우리들 중 대부분은 여전히 삶 가운데 수백 가지의 잘못된 것들을 가지고 있습니다. 주님께서는 그러한 잘못된 것들 가운데 한 번에 한 두 개 정도만을 다루십니다. 왜냐하면 그것이 우리가 수용할 수 있는 전부이기 때문입니다. 사단의 전략은 때때로 우리로 하여금 다른 300개의 문제들을 한꺼번에 다루도록 하여, 그 결과로써 우리가 좌절하고 패배하게 됩니다. 주님께서 우리에게 마태복음 18장을 주신 이유는 우리에게 죄를 범한 형제에게 그가 우리를 얼마나 아프게 했는지를 알려주기 위한 몽둥이로 사용하라는 것이 아닙니다. 만일 우리에게 사랑이 있다면, 우리는 그런 죄들의 대부분을 덮어주게 될 것입니다. 그런 죄들이 우리 형제에게 불필요한 상해(injury)를 가져오는 것만 제외하면 말입니다. 우리는 반드시 이 성경의 교훈을 사용해야 하며 또한 진정으로 성경의 모든 내용을 자기 보존이나 보복에서가 아니라, 사랑 가운데서 사용해야 합니다. 물론 주 예수님 자신이 우리의 완전한 본보기 이십니다. 주님께서 요한계시록에 나오는 일곱 교회를 교정해 주셨을 때, 주님은 교회에서 교정을 제시하기 위한 모범을 우리에게 주셨습니다. 주님은 우선 먼저 각 교회들이 올바르게 행한 것을 강조 하시면서 각 교회들을 칭찬해 주셨습니다. 그리고나서 그분께서는 그들이 가지고 있는 문제들을 직접적으로 다루시기 시작하셨습니다. 믿기 어렵겠지만, 주님께서는 심지어 이세벨에게 조차도 회개할 수 있는 충분

내 집은 만민의 기도하는 집이라.

한 시간을 주셨습니다! 마지막으로 주님께서는 각 교회들에게 그들이 가지고 있는 문제들을 극복한 다음 그것에 대해 보상해 주시겠다는 놀라운 약속을 주셨습니다. 주님은 결코 변하시지 않으셨습니다. 그분께서 오늘날 무엇인가 교회들을 교정해 주시고자 할 때, 거기엔 항상 격려와 소망이 함께 깃들어 있습니다.

형제들의 참소자는 주님의 방법이나 목표들과는 전적으로 다른 것들을 사용하여 교회를 교정하려고 시도합니다. 예수님은 우리를 격려해 주시며 소망을 주십니다. 그러나 사단은 우리를 정죄하고 비난하며, 또한 더 이상 소망이 없도록 하려고 시도합니다. 예수님은 우리를 세워 올리셔서, 우리가 스스로를 바로 잡고 교정할 수 있게 해 주십니다. 사단은 우리를 정죄하고 비난하며, 또한 더 이상 소망이 없도록 하려고 시도합니다. 예수님은 우리를 세워 올리셔서, 우리가 스스로를 바로 잡고 교정할 수 있게 해 주십니다. 사단은 우리가 포기하도록 압력을 가하면서 우리를 허물어 뜨리며 파멸시킵니다. 예수님은 우리를 사랑해 주시고 우리를 들어 올리시길 원하십니다. 그러나 사단의 목적은 언제나 우리를 파괴하고 망하게 하는 것입니다.

7. 분별

비판이 참된 분별에 근거해 있을 수 있으며, 우리가 비판하는 사람들이 잘못에 빠져 있을 수도 있습니다.

다른 사람들이 조종과 거짓 때로는 명백한 속임수를 통하여 돈을 거두어들이는 방법에 대해 비판을 했던 앞에서 언급되었던 목사들이 자신들의 분별에 있어서는 정확했습니다.

우리는 바울이 선포했던 것처럼 반드시 분별 가운데서 걸어야 합니다.

> 교중(교회 안에 있는)사람들이야 너희가 판단치 아니하랴. (고린도 전서 5:12)

요점은 우리가 분별하는 것을 우리는 어떻게 다루는가 하는 것입니다.… 우리는 그것을 비난하기 위해 사용하려고 합니까 아니면 중보 기도를 하기 위해 사용하려고 합니까? 우리는 이 두 가지의 사역 중에 어느 편에 속하려고 합니까? 우리가 영적인 분별력을 어떻게 다루는가에 따라 우리 스스로의 영적인 생활의 성과가 어떻게 될지를 결정할 수 있습니다.

내 집은 만민의 기도하는 집이라.

> 불량하고 악한 자는 그 행동에 궤휼한 입을 벌리며 눈짓을 하며 발로 뜻을 보이며 손가락질로 알게 하며 그 마음에 패역을 품으며 항상 악을 꾀하여 다툼을 일으키는 자라. 그러므로 그 재앙이 갑자기 임할수록 도움을 얻지 못하고 당장에 패망하리라. (잠언 6:12-15)

분별력으로서 자랑하며 보여졌던 것들 가운데 많은 경우가 완전히 의심일 뿐입니다. 영토 보존을 은폐하기 위해 사용된 거짓된 영적 변장입니다.

심지어 영적 분별의 은사가 없이도, 야곱은 우리가 만약 주의 했더라면 우리가 경험했던 가장 굴욕적인 실패들로부터 교회를 지켜 주었을 지혜의 원천을 분별하기 위한 분명한 지침들을 우리에게 주었습니다.

> 너희 중에 지혜와 총명이 있는 자가 누구뇨 그는 선행으로 말미암아 지혜의 온유함으로 그 행함을 보일 찌니라. 그러나 너희 마음 속에 독한 시기와 다툼이 있으면 자랑하지 말라 진리를 거스려 거짓하지 말라. 이러한 지혜는 위로부터 내려온 것이 아니요 세상적이요 정욕적이요 마귀적이니, 시기와 다툼이 있는 곳에는 요란과 모든 악한 일이 있음이니

> 라, 오직 위로부터 난 지혜는 첫째 성결하고 다음에 화평하고 관용하고 양순하며 긍휼과 선한 열매가 가득하고 편벽과 거짓이 없나니 화평케 하는 자들은 화평으로 심어 의의 열매를 거두느니라. (야고보서 3:13-18)

우리는 은혜로 구원함을 받았습니다. 그리고 우리가 한 평생 동안 이것을 유지해 갈 수 있기 위해 우리 모두는 은혜를 필요로 합니다. 만약 우리가 은혜 받기를 원한다면, 은혜를 베푸는 것을 배우는 것이 좋습니다. 왜냐하면, 우리는 우리가 뿌리는 것을 거두어 들이게 될 것이기 때문입니다. 우리가 긍휼을 받고자 기대한다면, 우리는 반드시 긍휼을 심는 것을 배우기 시작해야 합니다. 우리들 대부분은 우리가 얻을 수 있는 모든 긍휼을 필요로 하게 될 것이기 때문입니다. 우리는 형제의 피를 우리 손에 묻힌 채 주님 앞으로 나아가는 것을 원하지 않습니다. 주님께서 우리에게 경고하셨던 것처럼 말입니다.

> 옛 사람에게 말한 바 살인치 말라 누구든지 살인하면 심판을 받게 되리라 하였다는 것을 너희가 들었으나 나는 너희에게 이르노니 형제에게 노하는 자

내 집은 만민의 기도하는 집이라.

> 마다 심판을 받게 되고 형제를 대하여 라가라 하는 자는 공회에 잡히게 되고 미련한 놈이라 하는 자는 지옥 불에 들어가게 되리라 그러므로 예물을 제단에 드리다가 거기서 네 형제에게 원망들을 만한 일이 있는 줄 생각 나거든 예물을 제단 앞에 두고 먼저 가서 형제와 화목하고 그 후에 와서 예물을 드리라. 너를 송사하는 자와 함께 길에 있을 때 급히 사화 하라 그 송사하는 자가 너를 재판관에게 내어 주고 재판관이 관예에게 내어주고 옥에 가둘까 염려하라, 진실로 네게 이르노니 네가 호리 라도 남김없이 갚기 전에는 결단코 거기서 나오지 못 하리라.
> (마태 복음 5:21-26)

우리가 어떤 형제에 대해 험담하는(slandering) 죄악을 품어 오고 있다면, 우리가 그 형제와 화해할 때까지는 주님께 예물을 드리는 것에 대해서는 잊어버려야 한다는 것은 이 성경 본문의 말씀으로 분명합니다. 주님께서는 이 두 가지(험담과 예물)를 연결시키십니다. 왜냐하면 우리는 우리가 드리는 희생들과 예물들이 그런 죄악을 속해줄 수 있을 것이라고 너무 자주 생각하기 때문입니다. 그러나 그런 일은 절대 불가능합니다. 우리가 호리(last penny: 최후의 일전)도

남김없이 다 갚거나, 우리가 험담하고 중상 모략했던 그 형제와 화해할 때 까지, 우리는 다른 사람을 판단함으로 우리 스스로 만드는 감옥 안에 갇혀 있게 될 것입니다.

주님은 자신이 돌아오셨을 때, 양과 염소들 사이를 심판하시겠다고 말씀하셨습니다 (마태 복음 25:31-46). 양으로 판정 받은 사람들은 그분의 왕국과 영원한 생명을 상속 받게 될 것입니다. 염소로 판정된 사람들은 영원한 심판에 처해지게 될 것입니다.

그 선별 작업은 그들이 주님을 어떻게 대하였는가 하는 것으로 결정될 것이며, 그리고 그것은 그들이 주님의 백성들을 어떻게 대하였는가 하는 것으로 결정될 것입니다. 요한은 그것을 이렇게 말합니다.

> 누구든지 하나님을 사랑하노라 하고 그 형제를 미워하면 이는 거짓말 하는 자니 보는 바 그 형제를 사랑치 아니하는 자가 보지 못하는 바 하나님을 사랑할 수 없느니라. (요한1서 4:20)

> 그 형제를 미워하는 자마다 살인하는 자니 살인하는 자마다 영생이 그 속에 거하지 아니하는 것을 너희가 아는 바라 그가 우리를 위하여 목숨을 버리셨

내 집은 만민의 기도하는 집이라.

> 으니 우리가 이로써 사랑을 알고 우리도 형제들을 위하여 목숨을 버리는 것이 마땅하니라.(요한 1서 3:15-16)

우리가 진정으로 그리스도의 영을 소유하고 있다면, 우리는 또한 그리스도의 성품을 소유하게 될 것입니다. 3년 반 동안 이나 우리의 생명을 쏟아내었던 우리의 가장 절친한 친구들이 우리를 버리려고 하며, 또한 심지어 그들이 우리를 알았다는 사실을 부인하려고 한다는 것을 알면서도, 우리 가운데 몇 사람이나 과연 마지막 식사를 그들과 함께 열열히 원할 수 있겠습니까?

제자들에 대한 우리 주님의 사랑은 제자들의 올바른 행동을 전제로 한 조건적인 사랑이 결코 아니었습니다. 비록 제자들이 주님을 버리고 또 주님을 부인할 것을 아시고 계셨음에도 불구하고, 주님은 제자들을 끝까지 사랑하셨습니다. 뿐만 아니라, 주님께서는 그런 제자들을 위해 자신의 생명 마저도 내어주셨습니다. 그분이 우리의 죄를 보셨을 때, 그분을 우리를 비난 하시지 않으셨습니다. 그분은 자신의 생명을 우리를 위해 버리셨습니다. 그분께서는 그러한 사랑으로 서로 사랑할 것을 명령하십니다.

8. 세대들 사이에 있는 영적 전쟁

 교회 역사에서 가장 커다란 비극들 가운데 하나는 하나님의 각각의 움직이심에서 주도적으로 쓰임 받았던 지도자들이 뒤이어서 일어나게 되는 하나님의 움직이심에 서는 줄곧 반대자나 핍박자가 되어 왔다는 사실입니다. 지금까지 이러한 추세는 실패해왔습니다. 주님께서 증가하는 권능과 권위를 풀어 넣으시고자 하는 사람들을 정결케 하고 겸손케 하기 위해서 이러한 추세를 사용하지만, 이것은 여전히 커다란 비극이 아닐 수 없습니다. 많은 수의 지도자들이 자신들을 하나님의 다음 움직이심에 대한 방해물로 만들면서 자기들의 삶을 소모해 왔습니다.

 하나님의 어떤 움직이심에서의 지도자들을 다음의 일어나는 하나님의 움직이심에 대한 반대자로 되게 하는 원인은 무엇일까요?

 거기에는 몇 가지 요인들이 포함되어 있는데, 우리가 반드시 이해하고 그 요인들로부터 또한 반드시 벗어나야 합니다. 그렇지 않으면 우리는 그들과 같은 일 하는 것으로 우리의 삶을 마감하게 될 것입니다. 우리는 결단코 그런 실수를 반복하지 않을 것이다라고 생각하고 또한 말할지도 모르겠습니다. 그러나 그것은

내 집은 만민의 기도하는 집이라.

그렇게 함으로써 자신들의 삶을 마치는 모든 사람들이 생각했고 말했던 내용입니다.

> 그런즉 선 줄로 생각하는 자는 넘어질까 조심하라.
> (고린도전서 10:12)

우리는 어떤 것을 하지 않을 것이다라고 우리로 하여금 추측이나 가정을 하게 하는 자만심이 결과적으로 그 일을 행하도록 우리를 내모는 요인들 가운데 한 가지 입니다.

실제적으로 이 문제는 교회 역사보다 더 오래된 문제입니다. 이 세상에 처음으로 태어났던 바로 그 두 형제들에게 거슬러 올라가게 됩니다.

> 우리가 서로 사랑할찌니, 이는 너희가 처음부터 들은 소식이라. 가인같이 하지 말라. 저는 악한 자에게 속하여 그 아우를 죽였으니 어쩐 연고로 죽였느뇨? 자기의 행위는 악하고 그 아우의 행위는 의로움이니라.(요한 1서 3:11-12)

성령의 새로운 움직이심 들은 줄곧 교회에 더 많은 빛을 회복하는 결과들을 가져왔습니다. 이 빛은 새로운 진리가 아니라, 교회 역사에 암흑의 시기들(Dark Ages)을 지나 오면서 교회에 의해 잃어져 왔던 진리입니다. 우리가 그러한 반대를 무엇이라고 부르든지 관계없이 그런 반대나 적대에 대한 대부분의 근본적인 이유는 질투심입니다. 지금 현재 지도적 위치에 있는 사람들이나, 한 때 그들이 소유해 왔던 빛에 충실해 온 사람들은 다른 누군가가 자신들 보다 더 훌륭하다거나, 주님께서 자신들을 제외한 누군가를 사용하여 주님의 진리와 목적들에서 더 높은 차원의 회복을 가져 오길 원하신다는 사실을 믿는데 매우 어려워합니다.

궁극적으로 이 무시무시한 덫에 빠지는 위험으로부터 자신들을 지키기 위해 지도자들이 가질 수 있는 유일한 치유책은 세례 요한의 겸손과 성품을 구하는 것입니다.

이 사람은 참된 영적 사역의 가장 위대한 모습들 가운데 하나입니다. 자신의 삶에서 온전한 한 가지의 목적은 예수님을 위한 길을 예비하는 것, 그분을 가르키는 것 그래서 자신을 강하고 주님을 증가되게 하는 것이었습니다. 세례 요한의 기쁨은 자기를 따르던 사람들이 자신이 나아갔던 것 보다 더 높은 데로 나아가는 것을 보는 것이었습니다.

제4부

참된 사역의 기초들

내 집은 만민의 기도하는 집이라.

　참된 영적 지도자들은 반드시 영적인 내시들(spiritual - eunuchs)이 되어야 합니다. 내시의 사명은 왕을 위해 신부를 준비시키는 것이었습니다. 내시는 신부에 대한 욕심을 품는 것 조차도 불가능했습니다.

　그렇지만 그의 가장 큰 기쁨은 왕이 기뻐하는 것에 있었습니다. 우리가 자신의 명성을 쌓거나 우리를 섬길 사람들을 찾아내기 위해서 사역을 이용할 때, 우리는 그리스도의 권위를 드러내지 못하게 될 것입니다. 바울은 다음과 같이 우리에게 권고합니다.

제 4 부 참된 사역의 기초들

> 아무 일에든지 다툼이나 허영으로 하지 말고, 오직 겸손한 마음으로 각각 자기보다 남을 낫게 여기고 각각 자기 일을 돌아볼 뿐더러 나의 기쁨을 충만케 하라. 너희 안에 이 마음을 품으라 곧 그리스도 예수의 마음이니 그는 근본 하나님의 본체시나 하나님과 동등됨을 취할 것으로 여기지 아니하시고, 오히려 자기를 비워 종의 형체를 가져 사람들과 같이 되었고, 사람의 모양으로 나타나셨으매 자기를 낮추시고 죽기까지 복종하셨으니 곧 십자가에 죽으심이라. 이러므로 하나님이 그를 지극히 높여 모든 이름 위에 뛰어난 이름을 주사, 하늘에 있는 자들과 땅에 있는 자들과 땅 아래 있는 자들로 모든 무릎을 예수의 이름에 무릎을 꿇게 하시고
> (빌립보서 2:3-9)

이것이 바로 지도력 가운데 그분을 따르게 도리 모든 사람들을 위해 예수님께서 정하신 패턴입니다. 권위와 지위에 앞서 겸손이 와야 합니다.

주님께서 누가복음 14장 11절에서 이렇게 말씀하셨습니다

내 집은 만민의 기도하는 집이라.

> 누구든지 무릇 자기를 높이는 자는 낮아지고 자기를 낮추는 자는 높아지리라.

여기서 핵심이 되는 말은 누구든지 입니다. 야고보가 여기에 덧붙여 말합니다.

> 주 앞에서 낮추라, 그리하면 주께서 너희를 높이시리라. (야고보서 4:10)

베드로도 말합니다.

> 그러므로 하나님의 능하신 손 아래서 겸손 하라 때가 되면 너희를 높이시리라. (베드로 전서 5:6)

이상의 모든 성경 구절들 안에서, 우리 자신을 겸손케 하는 것은 우리의 할 일이고, 우리를 높이시는 것은 주님의 일이심을 우리는 보게 됩니다.

만일 우리가 주님의 일을 한다면, 주님은 우리의 일을 하실 것이며, 또한 주님은 그 둘 중 한 가지를 우리가 할 수 있는 것보다 훨씬 더 잘 하실 수 있습니다.

제 4 부 참된 사역의 기초들

 스스로 자기로 승격시키는 것(self-promotion)과 영토 보전(territorial preservation)의 악한 영들은 지금까지 교회에 많은 해악을 끼쳐 왔습니다.

 자신을 스스로 승진 시키는 영들과 영토 보존의 영들은 많은 훌륭한 지도자들로 하여금 더 차원 높은 기름 부으심과 권위를 부여 받을 수 있는 자격으로부터 실격하게끔 하는 강력한 원인들을 제공해 왔습니다.

 스스로 자기 자신을 높이거나 조작함으로 우리가 얻는 영향력은 한편으로 하나님께서 우리에게 주시고자 하는 지위를 얻지 못하게 하는 방해물(stumbling block)이 될 것입니다.

 더 나이든 세대들이 하나님의 새로운 움직이심에 대해 언제나 걸림돌이나 장애물이었던 것은 아닙니다. 새로운 세대의 사람도 역시 하나님의 새로운 움직이심에 걸림돌이 되는 동일한 실수를 저지를 수 있습니다.

 우리는 새로운 세대이다 라고 당연스럽게 여기는 바로 그 거만함이 하나님께서 대적하시는 교만을 드러내 보여주는 것입니다.

 이것이 자신들의 삶을 주님과 주님의 백성들을 섬기는 데 신실하게 헌신해 온 사람들에게 주어지는 겸

내 집은 만민의 기도하는 집이라.

손케 하는 매입니다.

예수님께서는 세례 요한이 낡은 질서의 한 부분이 되는 것으로 인해 그를 웃음거리로 삼지 않으셨습니다. 오히려 주님께서는 그를 귀하게 여기셨습니다. 예수님은 요한의 사역에 심지어 자신을 복종 시키시기까지 하셨습니다.

이 복종이 주님께서 요한으로 하여금 자신을 지배하는 것을 허용하신다는 것을 의미하지는 않습니다. 그러나 주님은 요한을 인정해 주셨으며 또한 그와 그의 사역을 존중해 주셨습니다.

나중에 예수님께서 자신의 권세의 근원에 대해 질문 받았을 때, 주님은 요한을 지적하시고는 심문자 들에게 요한의 세례 어디서부터 오는 것인지에 대해 그들이 알고 있는지 어떤 지를 되물어 보았습니다. 그 질문에 대한 대답이 바로 그들의 질문에 대한 대답이었습니다.

요한은 한 가지 질서(순서)의 마지막 사람이었습니다. 그가 거기에 있었던 이유는 태초부터 메시아의 오심에 대해 예언했던 모든 사람들을 대표하기 위해서였습니다.

요한은 그들 모두가 말했던 진실로 하나님의 어린

제 4 부 참된 사역의 기초들

양이신 분으로 예수님을 인정하는 그들의 대표였던 것입니다.

예수님은 자신의 권위에 대한 신임장으로서 자기 앞에 왔던 사람들의 세례를 인정하셨습니다.

새로운 세대의 한 부분이 될 사람들은, 만일 그들이 모든 의를 충족시키려 한다면 마찬가지로 자신들 앞에 왔던 사람들의 모든 사역에 반드시 복종해야 합니다.

우리는 지금 새로운 영적 세대의 출현을 보고 있는 한 가운데 있습니다. 앞의 운동들은 새로운 질서의 출현함과 쇠퇴하기 시작하고 있는 것도 명백한 사실입니다.

그러나 새로운 질서의 지도자들은 자신들보다 먼저 왔던 사람들을 존경하는 것은 결정적으로 중요합니다.

그렇게 하지 않으면 그들은 더 멀리 나아가는 것에서 자기 스스로를 실격시키는 위험에 처해지게 될 것입니다.

새로운 질서에 대한 우월감은 정확히 주님께서 시작하시는 새로운 일들에서 하나님을 대적하기 시작하는 옛 사람들만큼 이나 하나님의 영에 대적하게끔 될

내 집은 만민의 기도하는 집이라.

수 있습니다.

1. 왜 그들은 또 학대자가 되는가 ?

학대를 경험했던 어린이들이 성장해서는 학대하는 자들이 되는 이유는 무엇입니까? 비난 받았던 성도들이 성장해서 비난자들이 되는 이유는 무엇입니까?

이 두 가지 질문에 대한 대답은 동일합니다. 학대 받은 어린이들은 대개 자신의 부모들처럼 되지 않겠다고 결심하면서 성장하게 됩니다.

그래서 그들은 반항적으로 되며 그런 반항적인 태도는 그들을 은혜로 인도하지 않게 되고, 오히려 비통함에 영양을 공급할 수 있게 됩니다.

이것은 궁극적으로 그들이 자신들의 부모들과 꼭 닮게 되는 결과를 초래합니다. 오직 스스로 낮춤과 용서만이 그 사이클을 영원히 깨트리게 될 것입니다.

우리가 십자가의 은혜를 받을 때까지 부모들의 죄악은 자녀들의 죄악이 될 것입니다.

하나님은 겸손한 자에게 은혜를 주시기 때문에, 그 분의 도우심 없이는 우리는 우리 부모들의 죄악을 떠

제 4 부 참된 사역의 기초들

안게 된다는 사실을 우리는 반드시 이해해야 합니다.

이것이 바로 성경에 등장하는 위대한 지도자들 가운데 많은 이들이 자신들의 열조의 죄악을 용서해 주시도록 기도했던 한 가지 이유입니다.

2. 중보기도와 비난

그전에 있었던 모든 사람들처럼 핍박을 받게 될 영적인 세대가 있을 것입니다. 그러나 그들은 계속해서 자신들의 다음 세대를 핍박하지는 않을 것입니다.

이 운동은 모든 것들이 자기들로서 결말을 짓게 될 것이라고 가정해 버리는 세대들의 교만 (pride of generation)에 종속되지 않을 것입니다.

이 세대에 속한 사람들은 십자가의 은혜를 발견하고 자신들을 학대했던 사람들을 진심으로 용서해 주게 될 것입니다.

그들은 또한 자신들의 나아갔던 것보다 한층 더 나아갈 수 있음을 지각하게 될 것이며, 그들은 그것을 인해 기뻐할 것입니다.

그들은 가능한 한 부드럽게 자신들의 삶을 다음 세

대의 길을 닦는데 헌신할 것입니다. 그리고 그들은 자신들의 다음 세대가 일어남과 동시에 스스로는 쇠하여 가는 것을 기뻐할 것입니다.

이들이 아버지들의 마음을 자녀들에게 돌이키게 하고 자녀들의 마음을 아버지에게 돌이키게 할 엘리야의 영을 소유한 세대가 될 것입니다.

주님의 길과 주님의 궁극적인 목적들을 예비하는 세대들이 되기 위한 자격은 우리가 비난과 중보 기도 중 어느 편에 속하게 될 것인가에 의해 결정될 것입니다.

우리 가운데서 손가락질(pointing the finger)의 멍에를 없애 버리고, 우리의 비난들을 중보하는 기도로 바꾸기 시작하십시오.

> 그리하면 네 빛이 아침같이 비췰 것이며 네 치료가 급속할 것이며 네 의가 네 앞에 여호와의 영광이 네 뒤에 호위하리니, 네가 부를 때에는 나 여호와가 응답하겠고 네가 부르짖을 때에는 말하기를 내가 여기 있다 하리라. 만일 네가 너희 중에서 멍에와 손가락질과 허망한 말을 제하여 버리고(이사야 58:9-10)

나 여호와가 너를 항상 인도하여 마른 곳에서도 내 영혼을 만족케하며 네 뼈를 견고케 하리니 너는 물 댄 동산 같겠고 물이 끊어지지 아니하는 샘 같을 것이라. 네게서 날 자들이 오래 황폐된 곳들을 다시 세울 것이며 너는 역대의 파괴된 기초를 쌓으리니 너를 일컬어 무너진 데를 보수하는 자라 할 것이며 길을 수축하여 거할 곳이 되게 하는 자라 하리라 (이사야 58:11-12)

내집은 만민의
기도하는 집이라

발행일	2003년 09월 05일
4쇄	2012년 03월 15일
지은이	릭조이너
엮은이	김병수
펴낸이	장사경
펴낸곳	Grace Publisher(은혜출판사)

주소 서울 종로구 숭인 2동 178-94
전화 (02) 744-4029 팩스 744-6578
출판등록 제 1-618호.(1988. 1. 7)

ⓒ 2011 Grace Publisher, Printed in Korea
　　ISBN 89-7917-547-3   04230
　　ISBN 89-7917-487-X   (세트)

이 출판물은 저작권법에 의해 보호를 받는 저작물이므로 무단 전재와 무단 복제를 할 수 없습니다.